封建制度 × 大航海時代 × 資本主義 × 工業革命……
從上古文明到近現代發展，一覽人類文明演變的全景！

路吉善 著

大觀全球史

WORLD HISTORY 從文明到文化

宏觀人類文明史，從上古到現代——
社會制度演變、宗教發展歷程、藝術文化交融、政治軍事紛爭……
以跨域視角解析世界史，看人類歷史的發展脈絡！

目 錄

序言

世界史前史（人類出現到原始社會時期）

第一章　人類的誕生 ……………………………………………… 008

世界上古史（西元前 4000 年～ 476 年）

第二章　古代文明的曙光 ………………………………………… 022
第三章　社會制度大變革 ………………………………………… 064
第四章　奴隸社會的產生 ………………………………………… 090
第五章　帝國的戰爭 ……………………………………………… 114

世界中古史（西元 476 年～ 1640 年）

第六章　中世紀的開端 …………………………………………… 142
第七章　封建王國的變革 ………………………………………… 174
第八章　封建社會的輓歌 ………………………………………… 198

目錄

世界近代史（西元 1640 年～1917 年）

　　第九章　探索與發現 ………………………………… 226

　　第十章　資本主義的發展 …………………………… 259

　　第十一章　革命與發展 ……………………………… 279

世界現代史（西元 1917 年～1945 年）

　　第十二章　紛亂再起 ………………………………… 304

序言

歷史是什麼？不同的人有不同的答案。英國歷史學家約翰·西利（John Seeley）說：「歷史是過去的政治，政治是當代的歷史。」雨果（Victor Hugo）說：「歷史是過去傳到將來的回聲，是將來對過去的反映。」卡爾·貝克（Carl Becker）說：「歷史是說過和做過的事情的記憶。」

學習歷史有什麼作用？李世民說：「以史為鏡，可以知興替。」龔自珍說：「欲知大道，必先為史。」因為歷史揭示了人類社會發展的規律，只有學習和了解歷史，才能更加了解並掌握社會發展過程中的規律和趨勢。

人類社會從相互孤立、分散走向整體是一個偉大的歷史過程，在這個歷史過程的某個階段，「世界歷史」開始出現。世界歷史不是世界上各個國家歷史的簡單相加，而是一個相互連結的有機體，因為沒有哪個國家或民族能跟外界絕對隔絕。相反，人類文明越發達，國家間的來往就越密切。

從古至今，人類在發展的過程中，創造出許多燦爛的物質文明和精神財富，這些無價之寶，是全人類共同的財富。我們要善於從這些財富中汲取營養，為己所用。在全球化的今天，我們要放眼全世界，開闊我們的視野，學習世界上偉大人物的思想。

我們不能只關心和談論自己的話題，還要關心和談論別人的話題。想要有水準地討論別人的話題，就要先了解別人。只有在了解世界的基礎上，才能為世界提供有用的知識，或者提出有見地的觀點，贏得別人的尊重。

當我們潛心學習世界歷史後，我們不僅能夠談論其中的一些人和

序言

事，還能讓我們的視野更開闊，頭腦更睿智。

用心去學習世界歷史，才能創造出屬於自己的歷史。

在數千年的歷史長河中，有太多的人和事值得我們去書寫，從早期中華文明的起源到伯羅奔尼撒戰爭，從尼羅河畔法老的詛咒到古希臘蘇格拉底的思辨，從鄭和下西洋到文藝復興⋯⋯歷史畫卷中值得回憶的片段太多太多，而我們只能擷取其中精華組成人類歷史的主要脈絡，並將其編纂成書以幫助讀者對世界歷史有一個大致了解。

為保證本書歷史事件細節的真實性，作者在寫作的過程中查閱並參考了大量的相關圖書及資料，如西方學者斯塔夫里阿諾斯（L. S. Stavrianos）的《全球通史》（*A Global History: From Prehistory to the 21st Century*）、格魯塞（René Grousset）的《東方的文明》（*Les Civilisations de l'Orient*）、威爾斯（Herbert George Wells）的《極簡世界史》（*A Short History of The World*），以及中國學者如呂思勉、錢穆、馮友蘭、黃仁宇等人的相關著作，對於寫作過程中的參考資料，作者已經用參考文獻的方式於每章最後一部分列示，在此，再次對這些前輩學者表示感謝和敬意。

在本書中，我們以時間、地域和歷史事件為結構，向讀者介紹了從人類早期文明的開創到近代聯合國成立這數千年歷史的發展脈絡。從時間線上，本書縱貫人類史前史、上古史、中古史、近代史和現代史，在關注這一時間線上的重大歷史事件的同時，還著重介紹了一些人類在文化、思想、藝術、哲學等領域的偉大成就。

值得一提的是，本書在設定上並沒有將中國史另做劃分，而是將中華歷史與世界歷史關聯融合，將其作為世界歷史演進的一部分加以敘述，以期為讀者呈現出最完整的世界歷史藍圖，讓他們以更高、更完整的視角來看整個世界。

世界史前史
（人類出現到原始社會時期）

世界史前史（人類出現到原始社會時期）

第一章　人類的誕生

人們把有文獻記載之前的歷史階段叫做史前史。那時地球是什麼樣的？人類又是什麼樣子？聰明的現代人透過考古學、生物學、生態學、地質學、遺傳學等多門學科，漸漸描繪出人類的起源、古猿的進化、農業的出現、宗教的形成等階段。

早期人類以採集和狩獵為主，隨著工具製作的進步，出現了剩餘勞動力，於是逐漸發展出了種植業和家畜飼養業，人類也從遷居進入定居，慢慢開始出現了人類文明。

距今	地點	事件
大約 46 億年	宇宙	宇宙大爆炸的塵埃形成了地球
大約 5 億年	地球	進入「魚類時期」
大約 2,300 萬年	非洲、亞洲和歐洲	出現「森林古猿」
大約 1,400 萬年	非洲、亞洲和歐洲	發現了「拉瑪古猿」
大約 550 萬年	非洲	「南方古猿」
大約 250 萬年	非洲	「能人」製作石質工具
大約 180 萬年	亞洲中國西侯度遺址	發現帶切痕的鹿角和動物燒骨
大約 150 萬年	非洲和亞洲	「直立人」製造複雜的石器
大約 100 萬年	歐洲法國埃斯卡遺址	發現紅燒土遺址
大約 55 萬年	亞洲中國周口店遺址	發現灰層和燒骨
大約 1 萬年	西亞、北非、歐洲、中美洲	人類進入新石器時代

遙遠的故鄉（約 46 億年前）

約 46 億年前，宇宙大爆炸後殘留的塵埃，組成了一個全新的行星——地球，地球和一些行星圍繞太陽在轉動。隨著時間的推移，地球和月球開始有了最初的形狀，它們離太陽（一個巨大的火球）很近，所以

表面可能處在燃燒熔融的狀態。那時地球表面岩漿滾動，炙熱難耐，沒有水存在的跡象，在霧氣瀰漫之下是一片熔岩的海洋。

很多年過去了，地球、月球與太陽的距離逐漸變遠，執行的速度也越來越慢。接下來，氣體逐漸稀薄，岩漿也慢慢凝固。不知又過了多少年，一條溪流從已經凝固的岩漿中噴湧而出，慢慢匯聚成池沼、湖泊，形成了生命最初的生存家園。

地球

地球的年齡越來越大，太陽與地球的距離也越來越遠，地球開始變得溫和而平靜。慢慢地，狂風暴雨不再那麼猛烈，海水不斷增加，最後匯聚成了一望無際的大海。

那時地球依然沒有生命，整個地球一片黯然，毫無生機。

不知從什麼時候開始，生命開始在有陽光和海水的地方出現，這些原始的生命被潮汐帶到了潮間、海岸和大海深處。在那裡，脆弱的原始生命要經歷嚴峻的環境考驗，為了在惡劣的環境中生存下去，這些原始的生命體進化出了自己的「絕招」，如依靠嗅覺、味覺尋找食物等。

大約5億年前，在古生代出現了一種長著眼睛和牙齒，能夠游泳，生命力更強的生命體。這就是魚類的雛形，是我們知道的最早的脊椎動物。隨著脊椎魚類的數量顯著增加，地球進入了「魚類時代」。

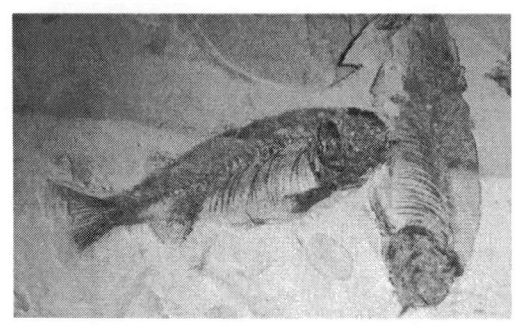

白堊紀魚化石

　　魚類時期，烈日和雨水不斷地侵蝕著裸露在外的岩石和高峰，但在大陸上，生命還並未出現，植物要等到很久以後才能「占據」大陸，此時陸地上還沒有真正的「土壤」，連苔蘚和地衣都不存在。

　　而後，地球運動的軌跡發生了改變，地球內部也發生劇烈的變動。地殼隆起、火山噴發，海洋更深了，山也更高了。此時，太陽的影響也在悄然改變著地球的溫度，讓地球變得更加溫暖，更加適宜生命繁衍。

　　在漫長的歲月裡，經歷了自然氣象的不斷侵蝕，以及河流的不斷沖刷，高山變得低矮，泥土被帶進大海，海平面不斷擴大，導致近海陸地變成了淺海。陸地上開始出現了植物，各種生物開始轉移到陸地上生活。之後，脊椎動物也出現了。

　　遠古時代，脊椎魚類仍然依靠鰓進行呼吸，這讓牠們無法在陸地上生存，而在不斷進化的過程中，牠們形成了新的器官──肺。之後，為了在陸地上更好地生存下去，上岸的動物仍然不斷進化。後來地球上出現了兩棲動物，再後來出現了爬行動物，然後出現了會產卵的鳥類，接著哺乳動物開始出現。

森林古猿的進化之路（2,300 萬～1,800 萬年前）

隨著時間的流逝，地球孕育出了很多新的生命。在 2,300 萬到 1,800 萬年前，在雨林和草原上，一種古代靈長類動物開始活躍起來，牠們就是人類的祖先──森林古猿（Dryopithecus）。森林古猿的足跡遍布非洲、亞洲和歐洲。牠們的化石最早是在法國被發現的，因為被發現時牠們跟樹葉化石在一起，於是發現者就稱牠們為「森林古猿」。後來人們在印度北部和巴基斯坦交界的希瓦利克山區也發現了牠們的化石。資料顯示，牠們跟黑猩猩有些相近，可以透過雙臂在樹上活動。

森林古猿

在肯亞、印度、巴基斯坦、土耳其、中國雲南，以及希臘、匈牙利等地，人們又陸續發現了另一類古猿的遺跡和化石，牠們生活在距今 1,400 萬到 800 萬年，科學家將牠們稱作拉瑪古猿（Ramapithecus）。非洲發現的拉瑪古猿，門齒很小，頜部很窄，與森林古猿比較相似，但跟人類的區別較大。在印度發現的拉瑪古猿，牠們出現的年代較晚一些，這類古猿面部變短，犬齒比較小，並且齒間沒有間隙，跟人類近似。

距今 550 萬到 130 萬年，在非洲地區生活著另一類古猿──南方古猿（Australopithecus），牠們離開了森林，開始在開闊地帶活動。牠們有

的身強體壯，腦容量比較大；有的身體矮小，腦容量也比較小；有的帶著明顯的類人猿特徵。

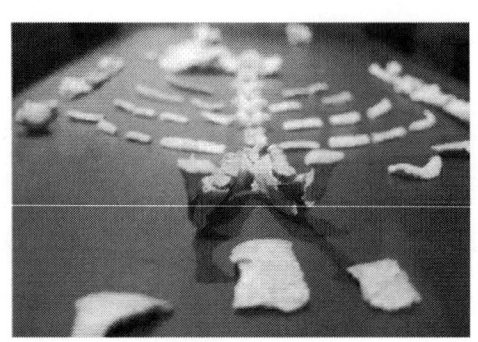

南方古猿露西化石

有的南方古猿已經會製造簡單的工具了，一般認為這種能粗製石器的南方古猿就是真正的人類，應該被看成是一種「猿人」。南方古猿在頸以下的構造基本跟人相似，但頸以上的構造，基本跟類人猿一樣。

從南方古猿盆骨的構造及脊柱跟頭骨的連線方式，可以知道牠們是直立的、用兩腳行走的。牠們的腦容量為500毫升左右，比黑猩猩的腦容量大，但比人類的腦容量小得多。這說明，從猿到人的進化中，手和腳的變化在先，腦容量的增大在後。

因為直立行走，牠們解放了原始的雙「手」。有了這雙「手」，牠們可以利用自然界的物體，例如樹枝和石塊，來尋找食物和抵禦敵害；有了這雙「手」，牠們開始製造工具，雖然粗糙，但這對人類進化史具有重要意義。

學會用火（大約180萬年前）

到目前為止，地球上除了人類能使用火、控制火，還沒有其他動物能做到這一點。因此，人類學家把「用火」當作人類與動物進化分界的指標之一。

第一章　人類的誕生

　　人類學會使用火以後，不僅吃到了熟的食物，增強了體力，延長了壽命，驅趕了寒冷和野獸，還增加了人與人之間的相互合作，促進了工具的製造和使用。

　　人類的祖先從什麼時候開始使用火的呢？關於這個問題，每一次的考古發現都把用火時間向前推移。1927～1957年，在北京周口店猿人文化遺址中發現的木炭、灰燼、燃燒過的土塊、石塊、骨頭和朴樹籽，以及在比「北京猿人」稍早的猿人遺址中發現的灰層和燒骨，把人類用火的歷史推到了距今約55萬年以前。

　　1960年，在法國東南部馬賽城郊，人們在一個叫埃斯卡的山洞裡發現了用火的遺跡——木炭、燒石、灰燼。地面上還有五處直徑達90公分的紅燒土遺跡，該遺址距今約100萬年。

　　1961年和1962年，在山西芮城縣的西侯度遺址，出土了一批帶切痕的鹿角和被火燒過的動物骨頭，這個發現又把人類用火的歷史推到了距今約180萬年前，這是目前中國最早的人類用火紀錄，也是世界上人類用火的最早紀錄之一。

西侯度遺址動物化石

　　現代考古學還沒有解決原始人類是怎麼得到火的這個問題。不過普遍認為最開始的火應該是從自然界裡取得的，也就是火山爆發、雷電引

起的天然火。知道火的好處後，人類祖先透過漫長歲月的摸索、實踐，終於學會了保留火種，掌握了持續用火的方法，但是天然火有限，還不好儲存，該怎樣自助取火呢？於是人類祖先又慢慢地摸索出了鑽木取火的方法。只是在現在發掘的遺址中，已經無法辨別出當時的火種到底是取自自然火還是人工火。

石器時代（距今約 250 萬到 5,000 ～ 2,000 年）

1865 年，英國考古學家盧伯克（John Lubbock）首先提出了「石器時代」這個說法，他將石器時代定義為一個時間區段，也就是說使用石器是那一時代的典型特徵，但並不代表那個時代的人類只會使用石器。考古學家把從出現人類開始到出現青銅器為止的那段時間稱為石器時代，並將其分為舊石器時代、中石器時代和新石器時代，距今 250 萬到 5,000 ～ 2,000 年。

人們把人類以石器為主要工具的時期稱為舊石器時代，也是石器時代的早期階段，一般認為這段時期起止為距今 250 萬到 1 萬年。那時，在非洲，被稱為現代人類祖先的「能人」，製作出了已知的最早的石製工具。這些「人」可能並不是以打獵為生，而是以食用腐肉和野生植物為生。

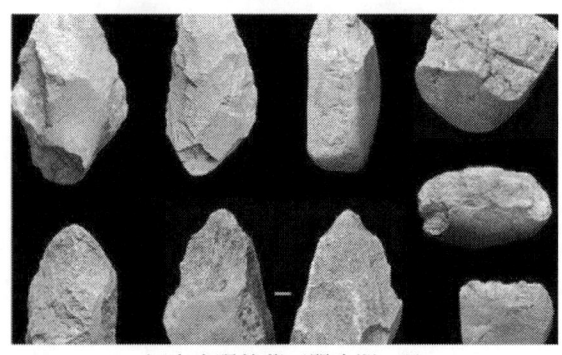

河南南陽的舊石器晚期工具

到了大約 150 萬年前，進化程度更高的直立人出現了。他們學會了掌握火和製造更為複雜的石器，活動範圍由非洲擴大到亞洲，例如中國的周口店人。人類在歐洲活動的最早證據就是德國的阿修爾手斧（Acheulean handaxes），這個時期人類主要製造簡單的工具用於打獵和採集。

距今約 2 萬年，最後的冰河時期過去了，地球處在溫暖的環境下，人類把加工過的石頭再研磨，精緻的石器熠熠生輝，採集和漁獵活動開始活躍起來，規模也不斷擴大，地球上一片生機盎然。這時出現了用燧石組合成的小型工具，出現了用細石片鑲嵌在骨木柄上的箭和刀等複雜的工具，有的地方還出現了捕魚工具、石斧以及像獨木舟和槳這樣的物品。這一時期，人們除了居住在自然洞穴，還新增了季節性的窩棚居址，並且埋葬死者的習俗也比舊石器時代複雜很多，從這可以看出人類對自然的探索已經進一步深入。

中石器時代，人類出現了「刀耕火種」的生活方式，以獵取中小型野獸為主，狗已經被馴化成為家畜。在歐洲和西亞的一些地方，人類已經開始馴養豬或山羊。隨著採集經驗的不斷增加，在西亞一些地區人們開始逐漸集體採集大麥、小麥和野生禾稼，後來發展成為原始的農業。

新石器時代工具

世界史前史（人類出現到原始社會時期）

從1萬到5,000～2,000年前，人類迎來了新石器時代，也是「磨製石器」時代。新石器時代通常有三個基本特徵：製造和使用磨製石器、製作使用陶器、食物的來源由原來的狩獵和採集變為種植植物和馴養家畜。

世界上各個地方在這一時代的發展路徑很不相同，西亞、北非和歐洲的新石器時代發展得較早，農業也最早從這些地方出現，後來又最早出現了金屬器具，最早進入了文明時代；中美洲，在西元紀年後仍然停在新石器時代，但是出現了高度的文明──馬雅文明。

隨著種植和飼養技術的發展，食物的來源也變得穩定起來。人們定居下來，人類的生活得到了前所未有的改善，於是文明開始出現。

原始宗教

據考證，人們發現早在石器時代就有了原始宗教。其實，人類一開始並沒有任何宗教可言，但是到了石器時代的中晚期，產生氏族公社後，人類社會形成了一個個穩定的小團體。這時，人類的生理條件與思維能力也有了進一步的發展，小團體內部因為需要溝通，所以慢慢產生了語言。於是就形成了某些禁忌和規範，這就是最初的原始宗教萌芽。

人類在跟大自然的抗爭中，一方面了解了生活活動與某些自然現象的關聯，另一方面又遭受到了自然界的威脅和危害。人們對於自然界的反覆無常、千變萬化，無法正確地去理解、掌握，心中既害怕又充滿了無限期待，就對許多自然現象產生曲解，把自然現象神化，於是原始宗教便產生了。

通常原始宗教的表現形式多為對植物崇拜、動物崇拜、天體崇拜等的自然崇拜，還有跟原始氏族社會有密切關係的生殖崇拜、圖騰崇拜和

祖先崇拜。這些可以從發掘、研究石器時代以來各種原始文化的遺址中看到，如一些原始村落、洞穴的石洞壁畫、墓葬遺物、祭壇雕像等。

石洞壁畫

對大自然的崇拜，被認為是原始宗教最早的一種崇拜形式，也是持續時間最久的。人們對大自然的崇拜，反映的是人與自然界的衝突。人們根據自我的意識將自然崇拜的神靈分為喜怒兩種性格。從人們對神靈的平等態度中可以知道，那時人們的經濟地位和社會地位都是平等的。

圖騰崇拜產生於母系氏族社會時期，那時人們認為自己氏族的祖先是由某一種動物、植物或者其他微生物轉化而來的，它們對本族有保護作用，於是便將該物當作自己氏族的族徽，帶著目的去崇拜。

人類進入對偶家庭後，能夠確認自己的祖先，於是希望自己祖先的靈魂還能像生前那樣庇護本氏族的成員，就開始產生了祖先崇拜，並且出現了專門的祭司。這些祭司能「通神」、「驅鬼」，一般由患了「罕見」疾病而莫名痊癒的人擔任。因為早先的人們覺得這種人之所以能活下來，是因為有神靈在暗中幫助，其他人透過他祈求神靈，神靈就會幫助自己。隨著祭司的出現，神由人格化變成人形化，祭拜的儀式也越來越複雜。

世界史前史（人類出現到原始社會時期）

原始祭祀坑

　　雖然對於原始宗教的褒貶不一，但是在當時的環境下，原始宗教使得人們形成了一個強大的族群，在一定程度上增加和鼓舞了那時人與自然對抗的勇氣和力量，並且對各族的文字、文化、藝術等的形成和發展有正面影響。

附錄：第一章參考文獻

[1] 喬治‧威爾斯（Herbert George Wells）。極簡世界史（*A short history of the world*）[M]。北京：現代出版社，2017。

[2] 赫伯特‧喬治‧韋爾斯（Herbert George Wells）。世界史綱：生物和人類的簡明史（*The Outline of History*）[M]。南京：譯林出版社，2015。

[3] 楊建華。蘇美文明探源──歐貝德文化研究[J]。吉林大學社會科學學報，1991(6)。

[4] 彭裕商。古文字與古代文明[J]。大理民族文化研究論叢，2012(1)。

[5] 肖東發，張學亮。原始文化：新石器時代文化遺址[M]。北京：現代出版社，2015。

[6] 喬治‧貝爾加米諾，蓋亞‧吉烏弗萊迪。史前歷史[M]。北京：北京時代華文書局，2017。

[7] 陳鵬。舊石器時代人類的用火[J]。珞珈史苑，2017(1)。

世界史前史（人類出現到原始社會時期）

世界上古史
（西元前 4000 年～476 年）

世界上古史（西元前4000年～476年）

第二章 古代文明的曙光

人類從野蠻無知走向了文明，在洪古蠻荒的暗暗長夜中，人類用血與肉、智慧與力量、勞動與創造開拓著自己的歷史程序，譜寫著偉大而不朽的歷史篇章。

西元前35世紀以後，在西亞，蘇美人率先創造了一個高度發達的城邦文明；在非洲，埃及人在尼羅河畔創造出一個法老世界的高度文明；在亞洲，長江流域、黃河流域、印度河流域，人們創造了中華文明和印度河文明。

世界上最古老的文明：
蘇美文明（西元前3500年～前2400年）

發源於小亞細亞東北部亞美尼亞山區的底格里斯河與幼發拉底河，向南注入波斯灣。每年春天，亞美尼亞山上的積雪開始融化，雪水帶著各種雜質沿著這兩條河流奔湧而出，在兩河之間形成了肥沃的美索不達米亞平原。這裡陽光普照，氣候溫暖，水源充足，適合穀物的生長，也

是非常適合人類居住的地方，西亞中東一帶最早的文明就在這裡孕育。

大約在西元前 4300 年到前 3500 年時，突然出現的蘇美人，開始在美索不達米亞南部進行原始的農業嘗試。他們依靠自己的智慧開始挖渠，修建了複雜的灌溉網，把底格里斯河與幼發拉底河湍急的河水成功地引入田地，發展起來的農業讓蘇美人變得富足，進而開創了一個文明的時代，直到西元前 2400 年左右才被阿卡德王國消滅。

當時，蘇美人在平原上建立了不少城市，如歐貝德（Ubaid）、埃利都（Eridu）、烏爾（Ur）等城市的建立，代表著原始氏族制度的解體、蘇美人開始向文明時代過渡。大約西元前 3500 年，蘇美人已經發明了世界上最古老的文字──楔形文字（Cuneiform）。這種文字開始主要在西亞和西南亞傳播，後來隨著詞彙的擴大和完備，被廣泛地傳播出去，兩河流域的其他各族也開始使用這種文字。

蘇美文明

關於蘇美人的社會生活情況，我們可以從兩河流域出土的文物中窺探一二。在 1922～1934 年的兩河流域的考古發掘中，發現了十幾座烏爾國王和王后的陵墓。這些陵墓的建造時間不一，最早的大約在西元前 3500 年。在其中一座國王和王后的陵墓中，發現了八九十具殉葬者的骸骨，還發現了大批的泥板文字、金銀器皿、精緻的項鍊和其他的首飾、

銅製的矛和頭盔、豎琴以及四輪車。

　　蘇美人透過觀察月亮的圓缺，制定了太陰曆。他們把兩個新月之間的那段時間作為一個月，把一年分為 12 個月，其中 6 個月每月 30 天，另外 6 個月每月 29 天，全年一共有 354 天。不過這樣計算出的一年比地球公轉的時間少了大約 11 天，於是他們又設定了閏月，就是太陰曆。

蘇美人的太陰曆

　　蘇美人在數學方面的造詣，也達到了讓同時代人望塵莫及的程度。在一塊泥板上記錄的一道算術題，如果把結果換算為阿拉伯數字的話，竟然是 195955200000000，一個 15 位的數字。他們計數的方法是以 60 為單位，也有 10 進位制。他們將每小時分為 60 分鐘，每分鐘分為 60 秒，將圓周分為 360 度。

　　蘇美人的建築成就也很驚人。他們用磚塊建造的神廟，規模相當宏大。依靠這種建築工藝建造了可以拾級而上的多層塔形高壇，頂端供奉著神龕，用作祭祀和觀測天象。這種高壇叫做金字形神塔，後來成為兩河流域古建築的一大特色。

　　早期的蘇美人喜歡小型的雕塑，現在出土的蘇美人早期雕塑有公牛頭、面具等，藝術品有蘇美人後期龐大的納拉姆辛石碑（Victory Stele of Naram-Sin）等，這表示蘇美人後期開始轉向喜愛較大型的雕像和浮雕了。

蘇美祈願者雕像

　　雖然那時蘇美人的宗教水準不高，但宗教地位卻很高，所以在當時祭司的地位也很高。為了讓祭司和管理人員學習楔形文字，他們還在神廟內設定學校，教授楔形文字和祭司所需要的知識，這也是已知人類文明史中最早的學校了。

　　蘇美宗教認為不存在極樂和永恆的後世，所以他們更在乎現世的生存。他們崇拜很多自然神靈，如天神（安努）、地神（恩利爾）、水神（奴恩）、太陽神（沙馬什）、月神（辛）等。

　　但是，對於蘇美人的來源人們至今仍然困惑不已。這主要是因為考古發現，直到大約西元前4300年哈雷夫文化（Halaf）結束時，兩河流域南部的蘇美地區才逐漸開發出來，並且兩河流域最早的居民是「歐貝德人」而不是蘇美人，蘇美人是在西元前4500年左右才定居於美索不達米亞南部的。蘇美人究竟來自哪裡？目前還沒有定論。不過蘇美人在自己帶來的石碑中，自稱「黑頭」，從這裡可以推測出，他們最早可能來自遙遠東方的黑髮種族。

世界上古史（西元前 4000 年～476 年）

人類最早的文字：楔形文字（約西元前 3500 年）

你能想像捧著一公斤的泥板看書是什麼感覺嗎？古老的蘇美人就是這樣看書的，並且還依靠這樣的泥板把蘇美文化傳承下來，為後人提供了大量上古兩河流域的資訊。我們現在對兩河流域早期文化能夠了解得如此全面，主要歸功於這些刻在泥板上的楔形文字。

大約西元前 3500 年，蘇美人就已經發明了文字，並且把文字刻在泥板上，保留到現在。那時的蘇美人首先把黏土做成方方正正的泥板，然後把泥板的一面磨平，再用蘆葦稈和其他工具把楔形文字刻劃在平滑的泥板上。接著把刻完字的泥板放在日光下或者火上烘烤，等烘乾後，這樣的泥「書」就變得非常堅固了。如果一本書的內容很多，需要很多塊的泥板，那麼他們還會將所刻的內容排成一個系列，編上號碼以備檢索。為了檢索的方便，他們會在後一頁的開始，重複前一頁結尾部分的幾個字。

楔形文字

因為這種文字是刻在泥板上的，落筆處比較粗重，收筆處比較纖細，看起來像木楔，所以被稱為楔形文字。

楔形文字是在象形原則的基礎上產生的。最初，蘇美人透過泥板圖畫的形式來記錄帳目，一個符號代表一個意思，例如用一棵樹表示一棟房屋，一個碗表示食物，一個人頭加一個碗表示「吃」。後來，為了表達比較複雜、抽象的概念，就把幾個字元結合起來，例如把上升的太陽和眼睛結合起來，意思就是「光明」；把眼睛和水結合起來，表達「哭」的意思；把代表天空的星星和水結合起來，就是「雨」；把山和牛結合起來，表示「野牛」。於是漸漸地這些字元就變成了表意的符號。

蘇美藝術品

隨著蘇美人交往的增多，其思想越來越豐富多彩。有的事物和概念很難用象形符號表達出來，於是蘇美人開始對楔形文字進行改造。一是他們簡化了圖形，開始用圖形的一部分去代替整體，例如用「牛頭」的符號代表「牛」；二是他們開始用同一個圖形表示幾個相互有關聯的意思，例如用「腳」的符號，表示「行走」、「站立」等跟腳有關的意思。這種不再用圖形來表達，而是用由符號引申出來的文字來表達的文字叫表意文字；三是對於同聲的字，則合用一個字元來表達。例如，在蘇美語中「箭」和「生命」是一個聲音，於是就用箭的符號來表示「生命」，這種字元叫做諧音文字。後來又增加了一些限定性的部首符號，例如在人名前加一個「倒三角」，表示這是一個男人的名字。這樣一來，這種文字型系就基本完備了。

自從蘇美人創造出楔形文字後，楔形文字也在不斷地演變。表意文字和諧音文字出現後，楔形文字也由原來使用的 2,000 多個減少到了 500 多個。書寫的形式，最初是從右到左直行書寫的，但是因為寫起來不方便，後來就改成了從左到右橫行書寫，就跟現在的橫排書本一樣。楔形文字還流傳到了亞洲西南部，到了西元前 2000 年前後，楔形文字成了當時在「國際外交」中通用的文字。

雕刻與楔形文字

到了西元元年前後，楔形文字被更為先進的字母文字所取代，成了死文字。直到西元 1472 年，義大利的巴布洛在古波斯遊歷，才在設拉子（Shiraz）附近的一些古老寺廟的牆壁上發現了這種文字，但當時人們並沒意識到這就是曾經流行過 3,000 年的楔形文字。一百多年後，設拉子又迎來一位叫瓦萊的義大利人，他對這種奇怪的字型很好奇，就抄了下來，帶回了歐洲。但楔形文字非常難解，直到 19 世紀中期，才被人讀懂。

尼羅河的餽贈：古埃及文明

　　在尼羅河的下游，有一塊盆地，盆地的兩側是堅硬的峽壁，峽壁之外是廣闊無垠的沙漠，埃及就在其中。埃及北鄰地中海，東瀕紅海和阿拉伯大沙漠，南接非洲內陸的原始森林，並且還有幾個大險灘，西接撒哈拉大沙漠，可謂四周都是天然的屏障。

　　當原始的人類在陸地上尋找適合居住的地方時，發現了這塊富饒而且隱蔽的盆地，於是就在這裡定居了。

　　古埃及的氣候乾燥且炎熱，常常是晴空萬里，雨量非常少，但是尼羅河貫穿埃及全境。尼羅河是由發源於非洲中部的白尼羅河和發源於蘇丹的青尼羅河匯聚而成。每年7月到11月，尼羅河就開始定期氾濫，把沿岸的盆地和三角洲都氾濫成水鄉，灌溉著兩岸乾旱的土地。河水把上游含有大量礦物質和腐植質的泥沙帶到下游，在兩岸逐漸沉積下來，成為肥沃的黑色土壤，非常適合穀物的栽培，所以尼羅河兩岸的居民很早就有了農業。

尼羅河

　　在西元前4000年左右，埃及人已經從石器時代進入了銅器時代，金屬被用於製造刀劍和耕犁，社會生產力得到了極大的提升。尼羅河雖

然造福於埃及，但是有時也會氾濫成災。埃及人為了保障正常的生活，不得不把興修水利當成一項首要和經常的工作。很早的時候，埃及人就在他們居住的村落四周建造防洪的堤壩，還修建溝渠和蓄水池來灌溉田地。

為了爭奪水源和土地，埃及的各個部落之間經常會發生戰爭，強大的部落會兼併弱小的部落。在西元前 4000 年至西元前 3500 年，埃及已經出現了私有制和階級關係萌芽。隨後，私有制進一步確立，階級也慢慢形成。從一些出土的墓葬情況中可以看出，這時古埃及一些地方的階級分化已十分嚴重。

後來埃及開始出現了若干個小國家，這些國家的人口不多。在每一個小國家中，都有一個以政府機關、王宮和神廟為中心的城市。經過多次戰爭，埃及分化成為兩個對立的王國，一個是占據尼羅河盆地南部地區的上埃及，另一個是占據尼羅河盆地北部和三角洲的下埃及。相傳在西元前 3100 年左右，上埃及的國王美尼斯 (Menes) 征服了下埃及，這是埃及歷史上第一次統一。

美尼斯

統一埃及後，美尼斯決定在兩國交界處修建一座新的都城——白城，就是著名的古埃及孟菲斯城。美尼斯並沒有為自己加冕全埃及之王的稱號，而是先在下埃及封自己為下埃及的國王，然後又回到故土舉行了一次上埃及國王的加冕儀式。正是因為這樣貼心的做法，讓下埃及人民也很快接受了美尼斯，使得古埃及人把美尼斯國王統治時期作為他們歷史的正式開端。

隨著美尼斯統一了上、下埃及，法老開始推行各自出生地的神，並把它們奉為主神，讓全埃及人共同崇拜。古埃及人非常重視宗教信仰，他們建造巨大的神廟來崇拜天神。古王國時期的主神是鷹神荷魯斯（Horus），不過後來改成了太陽神拉（Ra）。到了中王國時期主要崇拜阿蒙（Aamon），新王國時期拉和阿蒙結合在一起，形成主神阿蒙拉（Amun-Ra）。

大約在西元前3500年，古代埃及人發明了文字。這些文字是一種被稱為聖書體的象形文字，也是人類最古老的文字之一，與楔形文字產生的年代差不多，這些文字被刻在古埃及人的墓穴中、紀念碑上、廟宇的牆壁上或者石塊上。文字的出現，對商業的發展發揮了很大的推動作用。人們可以用文字來記帳，官員可以呈交報告給國王，國王可以下達命令。到了西元前2600年左右，古埃及人開始把文字書寫在由紙莎草製成的紙上，他們還用紙莎草的莖來造寫字的筆和用水混合黑煙灰及膠漿來製成墨水。

埃及象形文字

古代埃及人發明了一種數字，他們用一種符號代表固定的數值，例如寫 111 時，他們會用一個代表 100 的符號，一個代表 10 的符號以及一個代表 1 的符號來書寫。埃及從有歷史記載開始就有了相當完備的算術和幾何，他們已經能夠算出等腰三角形、長方形、梯形和圓形的面積。在金字塔的設計和建造中，用到了很多深奧的數學方法。埃及人算出圓周的長度約為該圓直徑的 3.16 倍，比較接近於後代人算出的圓周率。

在天文學方面，古埃及人的知識已經具備相當的水準。他們製作出了太陽曆，把一年分為 3 個季節，每個季節 4 個月，每個月 30 天，另有 5 天作為節日，每年 365 天，這非常接近地球圍繞太陽公轉一周的時間。他們發明了水鐘（water clock，clepsydra）和日晷兩種計時器，把每天分為 24 小時。他們還喜歡觀察天上的星星，並把這些星座繪在墓穴中，這點可以在森穆特、塞提一世（Seti I）、拉美西斯九世（Ramesses IX）等人的陵墓中看到。

埃及人還是偉大的建築家，他們最偉大的建築物是廟宇、宮殿和墳墓，其中以舉世聞名的金字塔為代表。因為埃及人相信有來生，認為人就像植物那樣在冬天死去、來年春天再生，所以他們不僅為死者提供飲料、食物，還設法儲存遺體，製成木乃伊。

金字塔是古代埃及國王的墳墓，其建造開始於第三王朝第一個國王左塞爾（Zoser），止於第二中間期。現存的約 80 座，其中最著名的是至今儲存相對完好的古夫（Khufu）、哈夫拉（Khafra）、孟卡拉（Menkaure）三大金字塔和獅身人面像。金字塔是古埃及文明的象徵，對於為什麼早在 5,000 多年前，人類就有能力建造如此現代化的古墓，至今仍然是個謎。

撲朔迷離的古埃及宗教

宗教起源於人類知識的匱乏。在原始社會，人類對很多自然現象無法解釋，於是把日夜的變更、月亮的盈缺、潮汐的漲落、寒暑的交替、水旱的災害、穀物的豐歉、疾病的侵襲等，都歸於神的意志和主宰。

埃及太陽神拉

古埃及是人類最先產生宗教崇拜的地區之一，宗教是古代埃及文化的重要組成部分。埃及人開始的宗教是拜物教，他們為自然界的每一項事物都臆造出一個神。埃及的天空常常是萬里無雲，太陽高高懸掛在天空上，所以太陽神拉被認為是萬物的創造者，具有至高無上的權力。根據古埃及的神話，宇宙原是一片混沌，初開之時是一塊凝固的土壤，這塊土壤成為創造神的立足之地。後來又創造了尼羅河神奧西里斯（Osiris）和被認為是奧西里斯妻子的伊西斯（Isis），太陽神拉後來又轉稱阿蒙（Amom）。

因為尼羅河保證了埃及人農業的豐收，使得他們衣食無憂，所以尼羅河神奧西里斯被認為是仁慈的，是生命的賜予者。奧西里斯的妻子伊西斯被認為是青春和母愛的化身，埃及人認為她主宰著土地的豐瘠和穀物的豐歉。

古埃及人認為諸神告誡人們該做什麼、不該做什麼。世界出現罪惡的原因是人們違背了神的意願，最終那些作惡的人會遭到報應，那些行善的人會獲得獎賞。

埃及木乃伊

古埃及人相信世界是有始無終的，世界開始於一片混沌，經過創世神的創造和整頓，世界才開始；他們相信萬事萬物都是循環往復，世界是永恆不變的，也相信人會有來生，有無盡的世界等著他們去享受。

古埃及人認為，人以兩種形式存在於世：看得見的軀體和看不見的靈魂。靈魂「巴」的形狀是長著人頭人手的鳥，人死後，「巴」可以自由飛離屍體，但屍體仍是「巴」依存的基礎。所以，他們要為亡者舉行一系列複雜的儀式，好使他的各個器官重新發揮作用，讓亡者復活，繼續在來世生活。亡者在來世生活，需要有堅固的居住地，於是就給他們建造一個堅固的墳墓。

因為埃及人深信死後的永生，所以不惜花費大量的人力和物力為死者建造墳墓。墳墓裡面擺放著死者生前的各種生活必需品，可能幻想著死者來生再享用吧。為了儲存死者的遺體，古埃及人用防腐劑和香料把屍體製成木乃伊。

古埃及人為了使死者的靈魂能夠順利通過奧西里斯的審判，會在死者的陵墓中放置一卷祝詞和符咒——《死者之書》。

長江下游的良渚文明（西元前 3300 年～前 2000 年）

發源於青藏高原的唐古拉山脈西南側的長江，其長度僅次於非洲的尼羅河和南美洲的亞馬遜河，居世界第三位。不過長江可不像尼羅河與亞馬遜河那樣流經好幾個國家，而是只歸中國獨有。西元前 3300 年至前 2000 年，在這條大河的下游也孕育了一個璀璨的文明——良渚文明。

1936 年施昕更先生開始對良渚一帶進行考古發掘，獲得了大量的石器、陶器等實物資料，並寫了《良渚——杭縣第二區黑陶文化遺址初步報告》。1959 年年底，考古學家夏鼐命名這一文化為「良渚文化」。

良渚遺址

良渚文化是中國長江下游太湖流域一支重要的古文明，也是銅石並用時代的文化。多達 500 餘處文化遺址，散布在長江下游環太湖地區 36,000 平方公里的範圍內，有村落、墓地、祭壇等各種遺存。

在良渚文化遺址中，發現最多的就是玉器，其中玉琮是最典型的代表，還有玉璧、玉鉞。無論是玉璧、玉琮，還是玉鉞，上面都雕有一個神祕的圖案。考古學家猜測這個神祕的圖案是一個神徽，良渚人用這些

刻有神徽的精美玉器在那個神祕的祭壇中進行神聖的祭祀活動。

良渚文化時期的陶器以黑陶為特色，製作得非常精美，種類繁多，還有精細的雕刻花紋和鏤空，有的甚至使用彩繪；良渚文化時期已經採用輪製的方式來製作陶器，黑陶豆盤的形狀有圓形和橢圓形兩種；良渚文化時期的炊器大多是鼎，取代了之前的釜；在農具方面，種類增加，分工明確，有扁薄的長方形穿孔石斧，有石錛、石鐮等，有磨製精細的三角形石犁和破土器，還有一種類似現在的耘田工具和千篰被稱為「耘田器」和「千篰」。

良渚文化的玉器非常發達，種類有珠、管、璧、璜、琮、蟬，其中玉琮的個體大，一般高 18～23 公分。上面雕刻著圓目獸面紋，工藝精湛，是中國古代玉器中的珍品，被譽為「玉琮王」。玉器上刻有像神又像獸的神人圖案和神人獸合一的圖案，它們可能是當時人們的崇拜對象。玉器上的紋飾除神人獸面圖案外，出現最多的圖案是鳥。

良渚文物

良渚文化時期，人們以農業生產為主，主要種植的農作物是水稻。在錢山漾發現的稻穀有粳稻和秈稻兩種。此外在錢山漾、水田畈等遺址中還發現了花生、芝麻、蠶豆、甜瓜等植物種子。手工業也很發達，有的可能已形成專業性的生產部門，這從玉器製作上可以判斷出來。手工

紡織業也發展得很好，錢山漾遺址發現的絲麻織物殘絹片，經鑑定是家蠶絲織成的，採用平紋織法，每平方公分有經緯線各 47 根，絲帶為 30 根單紗分 3 股編織而成的圓形帶子。

良渚文化時期的居民過著較穩固的定居生活。在錢山漾遺址中發現一座東西長約 2.5 公尺，南北寬約 1.9 公尺的建築，該建築按東西向排列，正中有一根長木，其作用應該相當於現代的「脊檁」，上面蓋有幾層竹蓆。另一座只在東邊儲存一排密集而整齊的木樁，上面蓋有大面積的蘆蓆和竹蓆。

在良渚遺址區內發現了一座面積為 290 萬平方公尺的古城。這座古城基本以莫角山遺址為中心，東西 1,500～1,700 公尺寬，南北 1,800～1,900 公尺長，呈長方形的形狀，略帶圓角，正南北方向。城牆部分地段殘高 4 公尺多，並且建法很考究，在底部先墊上石塊，寬達 40～60 公尺，上面用純淨的黃土夯實，並且還有灌溉範圍超過 100 平方公里的水利系統。

人們根據在城牆中出土的陶瓷碎片判斷，這座古城的年代應該是在良渚文化晚期，也就是說，距今約 4,000 年。城牆是區分氏族社會和文明社會的一個重要象徵，「巨型都邑、大型宮殿基址、大型墓葬的發現表示，早在夏王朝建立之前，一些文化和社會發展較快的區域，已經出現了早期國家，進入了古國文明的階段」。

良渚古城是迄今為止發現的中國境內最早進入國家形態的地點，是中華五千年文明的實證。世界各地早期文明的出現，都與治水活動有關，良渚古城外圍的水利系統，對研究良渚古國的出現、發展乃至中國文明的起源都具有極其重要的意義，在世界文明史研究上也占有重要一席。

世界上古史（西元前 4000 年～476 年）

2019 年 7 月 6 日，在亞塞拜然首都巴庫召開的第 43 屆世界遺產大會上，良渚古城遺跡被列入《世界遺產名錄》，中國國家文物局如此定位良渚遺址：「是實證中華五千年文明史最具規模和水準的地區之一。」

中國是四大文明古國之一，但是中國有記載的文明史卻沒有像其他三個文明古國那樣早和詳細。跟其他文明相比，中華文明的考古工作開始得比較晚，我們期待中國的考古學家，早日把中國的歷史完整地勾勒出來。

克里特島上的米諾斯文明（西元前 2850 年～前 1450 年）

在愛琴海之南，地中海東部的中間，是古希臘地區的第一大島——克里特島（Crete）。大約在西元前 2850 年～前 1450 年，在克里特島上孕育出了米諾斯文明（Minoan civilization）。克里特島的四周是被陸地環繞的地中海，這裡沒有大西洋的狂風暴雨，島上還有大量可以造船的木材，所以克里特島上的商人可以輕易地航海到地中海沿岸的其他國家，這裡曾是早期地中海上一處良好的貿易港口。

「米諾斯」這個名字來自古希臘神話中的克里特國王米諾斯，現代研究者對米諾斯人知道得不多，猜測他們可能屬於前印歐民族，他們使用的文字是至今仍未被破解的「線形文字 A」，他們的經濟生活主要以從事海外貿易為主。

因為米諾斯王一直存在於傳說當中，所以人們一度認為有關他的故事純屬虛構，直到 20 世紀初，英國考古學家亞瑟·埃文斯（Arthur John Evans）在希臘克諾索斯（Knossos）挖掘出傳說中的米諾斯迷宮。當研究者面對封存了幾千年的王宮廢墟、大量精美絕倫的壁畫和細緻獨特的器具時，才相信一切真的存在，並且確認克里特是希臘文明的發源地。

米諾斯迷宮遺址

　　根據考古學家的發現，米諾斯時期的克里特島可能被分為四個政治區域：北面的受克諾索斯管理，南面的受法伊斯托斯管理，中東部的屬於馬里亞，最東端由下扎克羅斯管理。很奇怪的是，米諾斯所有的城市都沒有城牆，出土的武器也很少，但考古顯示，他們擁有一支強大的軍隊。

　　米諾斯人崇拜女神，在米諾斯宗教中對女神的描寫遠遠超過男神，例如掌管生育的母神和女性的動物主宰，以及城市、家庭、收穫、冥界的女性保護者等。考古發現，在米諾斯，婦女有著較男性更高的地位，女性可以擁有並繼承財產，而且可以和配偶解除婚姻關係。在這方面，米諾斯文明是所有歐亞古代文明中的一個例外。

米諾斯壁畫

世界上古史（西元前4000年～476年）

　　在原始崇拜方面，米諾斯將神聖的含義賦予公牛和獻祭的角、雙面斧、立柱、蛇、太陽圓盤和樹。也許出於宗教的原因，米諾斯一個常見的儀式是由男女表演雜技，輪流從衝過來的公牛的角上跳過去。儀式結束後，他們把公牛宰殺，然後把血灑在大地上祭神。

　　米諾斯人飼養牛、羊、豬，他們種植小麥、大麥、野豌豆、鷹嘴豆，還培育了葡萄、無花果、橄欖。聰明的米諾斯人還學會了馴養蜜蜂，從近東接受了石榴和溫柏。米諾斯農民用皮革包住把手的木犁，讓一對驢或者閹牛來拉。

　　米諾斯人在製作陶器方面非常出色，他們能用陶輪製作出薄如蛋殼的壺，上面還裝飾著精美的圖案，並且還能製作出裝油、酒和穀物的大儲藏罐。

　　米諾斯人在建造建築時更多考慮的是舒適度，他們的建築通常為平的瓦片頂，灰泥、木質或是人石板地面，建築物有兩三層樓高。米諾斯的城市是由石子鋪成的路來連線，石子是用銅鋸切成。道路有排水和供水系統，上層社會的人能享受到黏土製成的下水道設施。

　　建在克諾索斯的米諾斯主皇宮非常宏大，共有五層，裡面有1,300多個房間，房間的牆壁上裝飾著表現米諾斯人生活的彩色繪畫。宮內設有宗教神殿、工匠的工作室、儲存室和起居室等。

米諾斯陶罐

不過曾經輝煌的米諾斯文明，在西元前 1450 年左右，突然消失得無影無蹤。為什麼會這樣呢？這一直是歷史的一個謎團。有人認為是饑荒導致的，也有人認為是火山噴發導致的。

1976 年，美國考古學家在克諾索斯以北約 130 公里的一座桑托林火山島（Santorini）上，挖掘了 60 多公尺厚的火山灰後，挖出了一座古代的商業城市，這讓火山說得到了證實。

經過研究發現，這是人類歷史上一次猛烈的火山爆發。這次爆發形成了一個直徑大約 60 公尺的火山口，炙熱的岩漿噴薄而出，島上的城市瞬間被掩埋，火山灰散落最遠達到 700 公里。火山爆發又引起海嘯，讓輝煌的米諾斯文明毀於一旦。少數生還的人，渡海來到希臘伯羅奔尼撒半島東北部的邁錫尼。他們把米諾斯的文字、藝術和先進的技術帶到這裡，逐漸發展成燦爛的邁錫尼文明。

千年之謎金字塔（西元前 2750 年）

古埃及的一國之主叫做法老，他們被古埃及人認為是太陽神拉的孩子，擁有至高無上的權力。因為古埃及人對神有著虔誠的信仰，很早就形成了來世的觀點。他們認為「人生只不過是在世間的一個短暫的存在，死後的生活才是永久的享受」，所以他們在生前就精心地為死後做各種準備。那些社會地位較高的法老或貴族，會花費大量的時間和金錢去修建墳墓，他們的墳墓就是金字塔。

上、下埃及統一後，經過幾百年的發展，到了第三王朝時，已經開始顯示出大國的氣派。各種物質，如木材、黃金、銅、香料、象牙等，源源不斷地從四周各個國家運入孟菲斯。隨著國力的增強，埃及開始掠奪其他部族，不僅搶來各種資源，還俘虜外族人充當苦力。豐富的人力

和物力，讓埃及第三王朝的法老——左塞爾覺得自己死後的陵墓要與眾不同，這樣才能更加順利地進入下一個美好的世界。左塞爾決定拋棄原來的「馬斯塔巴」——埃及人為死者修建的平臺式沙埋陵墓，改為修建一座新的陵墓，並且任命印和闐（Imhotep）為總設計師。

埃及金字塔

印和闐沒有辱沒法老的使命，他為左塞爾修建了薩卡拉（Saqqara）階梯金字塔（step pyramid），這是埃及歷史上第一座金字塔。他先用石塊砌成高約 8 公尺、邊長 63 公尺的墳堆，然後階梯向上逐層縮小，通體用石頭架構，一共 6 層，呈角錐形。然後他又用白色的石灰把整個建築包起來，竣工時就成了高達 62 公尺、底部東西長約 121 公尺、南北寬約 109 公尺的金字塔。在左塞爾之後的埃及法老紛紛效仿，開始在尼羅河畔修建自己的墳墓，以致陸陸續續矗立起近百座金字塔。

在這些金字塔中，有一座世界上最大的金字塔，那就是修建於西元前 2690 年的古夫金字塔，它是第四王朝第二個法老古夫的陵墓。古夫金字塔現高 136.5 公尺，底座的每個邊長為 230 公尺左右，三角面斜度為 52 度，塔底面積約為 52,900 平方公尺。整個塔身由約 230 萬塊石頭砌成，每塊石頭平均重 2.5 噸，其中最大的重達 160 噸。

古夫金字塔

在沒有先進工具的古代，人們是如何將那些巨型的石塊運來並層層堆砌起來？這是一個至今都無法解釋的謎團。石塊與石塊之間，沒有任何類似現代水泥的黏合物，直接是一塊石頭疊著一塊石頭，石頭之間非常緊密，哪怕用一把鋒利的刀也無法插入石塊之間的縫隙。此外，在古夫金字塔塔身北側離地高13公尺的地方，有一個用4塊巨石砌成的三角形出入口，為什麼不是四邊形或者其他形狀呢？因為換成其他形狀，金字塔巨大的壓力會把這個出入口壓塌。

古代法老們為什麼要把墳墓修建成「金」字形呢？〈金字塔銘文〉（Pyramid Texts）中這樣說道：「天空把自己的光芒伸向你，以便你可以去到天上，猶如拉的眼睛一樣。」「為他（法老）建造起上天的天梯，以便他可由此上到天上。」在古埃及人看來，金字塔就是可以登上天的天梯。當你站在金字塔下，從金字塔稜線的角度向西看，感覺金字塔就像是太陽灑向大地的光芒，而古埃及太陽神「拉」的標誌就是太陽的光芒，所以古埃及人用金字塔表示對太陽神的崇拜。

世界上古史（西元前 4000 年～476 年）

印度河文明（西元前 2600 年～前 1500 年）

　　西元前 2600 年左右，印度河文明開始形成了，它比兩河流域文明和尼羅河流域文明稍晚，但是分布得更廣。

　　1856 年，英國人在英屬印度（今巴基斯坦）境內修鐵路時，在一個名為哈拉巴的小村子發現了古代文明的遺跡。1921 年，考古學家在遺跡上發掘出了一座古城（Harappa），進而將其命名為哈拉巴古城。一年之後，考古學家又在印度河畔發現了摩亨佐達羅古城（Moenjodaro）。

　　經考證，哈拉巴和摩亨佐達羅文明的年代為西元前 2600 年～前 1500 年，這表示在那個時候，印度曾經存在一個繁榮的古代文明。哈拉巴和摩亨佐達羅兩個大城市的面積都超過 5 平方公里，考古估算居住人口都在 4 萬以上，兩個城市的中心都有一個人工堆砌的土墩作為衛城，這個土墩上建有大穀倉。古城裡有大量的石器、青銅器和農作物的遺跡，還出土了大量印章。

摩亨佐達羅古城遺址

　　印度河文明跟其他古文明一樣，也是農業文明。古印度人的主要農作物有小麥和大麥，除此之外，可能還有棉花、豌豆、甜瓜、芝麻、椰棗。在所有文明中，古印度文明也是最早用棉花織布的。他們馴養的動

物有狗、貓、犛牛、水牛，可能還有豬、駱駝、馬和驢。他們還馴養大象和水牛在田裡工作。

此外，古印度與外界也有著緊密的關聯。他們出口珍珠、棉織品、孔雀、象牙和梳子，現在印度人使用的梳子還跟那時的造型一樣。緊密連繫的地方包括美索不達米亞，在那裡的廢墟中，考古人員發現了西元前2300年的印度河流域的印章。此外在波斯灣的巴林島上還發現了一些別的印度河流域的產品，此發現說明巴林島是美索不達米亞與印度河流域之間進行海運貿易的一個中轉站。

印度河文明的陶牛

在印度河流域有許多技藝高超的製陶人，他們用陶輪製作陶器，還建立了發達的汙水處理系統，例如有蓋板的排水系統和倒垃圾的傾槽等。

印度河流域的城市是獨特的，城市裡面的房子不是隨意建造，而是按照統一規劃精心建造的，布局呈格子形，街區長約400公尺、寬約200公尺，在長方形的大街區外面環繞著寬闊的街道。這些城市是由窯內燒的磚建造的，並且整個印度河流域只有兩種尺寸的磚。讓人奇怪的是，整個印度河文明區域都是這樣整齊劃一的布局，並且在此後的1,000年中基本都沒發生改變。

印度河文明的圖章非常出名，這些圖章通常用一塊滑石製成，有不同的類別並且各有各的特點。圖章上面的圖案包括各式各樣的動物，既有像、虎、犀牛和羚羊這類真實的動物，也有一些幻想或拼合而成的動物，有時也雕刻人形。

對於創造了印度河文明的民族，他們的來源、種族構成、消失的原因等問題至今仍是個謎。對於他們的文字，直到現在也沒人能看懂。對於印度河文明消失的原因，眾說紛紜，有說河水氾濫，有說瘟疫，有說貿易、經濟或國內秩序崩潰，有說被雅利安人（Aryan）所取代等。不過有一點可以肯定，神奇而特殊的印度河文明是人類文明史的重要組成部分。

阿卡德帝國（西元前2371年～前2230年）

當蘇美人和埃及人已經有了相當高的文明程度時，人部分閃族人（Semitic People）還處在蒙昧階段，他們過著游牧生活，居無定所。他們沒有文字，沒有手工藝，沒有政治組織，但是有弓和箭，他們依靠武力搶占其他部落的土地。

西元前3000年左右，閃族人中的阿卡德人，陸續來到兩河流域的北部定居，居住在蘇美人北邊的平原上，放棄了游牧開始從事農耕。這些阿卡德人一邊搶掠蘇美人，一邊又跟他們做貿易。阿卡德人吸收蘇美人的種種先進知識，他們學會了使用車輪，開始組建自己的戰車方隊，進而從愚昧時期進入到了文明時期。

在肥沃的兩河流域，阿卡德人和蘇美人毗鄰而居，他們之間你爭我奪，對峙了好幾百年。最初的時候，蘇美人由於文明程度比阿卡德人高，所以常常能取得戰爭的勝利。但是，隨著蘇美人的內部衝突逐漸加

深，實力逐漸減弱，而且阿卡德人的文明也逐漸發展，所以後來的戰爭反倒是阿卡德人取得了優勢。

大約在西元前24世紀，阿卡德人中出現了一位傑出的將領——薩爾貢（Sargon）。傳說薩爾貢是個私生子，從小被人放在一個蘆葦筐裡丟進幼發拉底河任其漂流，後來蘆葦筐漂到基什國（Kish），被王宮中一個園丁收養。年少的薩爾貢跟隨養父從事園丁工作，因而可以常常進出基什王宮。

西元前2371年，溫馬人入侵基什國，基什國國王在抵抗中失利，引起了全國人民的不滿。於是薩爾貢乘機取得了人民的支持，發動政變，奪取了政權，以阿卡德城為首都建立了阿卡德王國。

為了鞏固自己的政權，薩爾貢開始招兵買馬。好戰的阿卡德人紛紛加入薩爾貢的陣營，他沒幾天就招募到四五千強兵悍將，於是他開始在城裡實行嚴格的「武器管制」。薩爾貢的軍隊是世界軍事史上第一支常備軍，這些人平時負責王宮的警衛工作，戰爭時充當作戰部隊的中堅力量。

薩爾貢一世青銅頭像

在蘇美地區各城邦混戰之時，薩爾貢的統治使阿卡德王國逐漸強大起來。據記載阿卡德王薩爾貢率軍出征34次，擒獲國王50多個，最終靠武力征服了蘇美的主要城邦。他統一了兩河流域，建立了阿卡德帝國。薩爾貢去世後，全國暴亂不止。大約西元前2230年，阿卡德王國被庫提人消滅。

薩爾貢在征服蘇美地區後，便把蘇美人的農業技術、曆法、數學、

建築、工藝以及宗教神話等都一起接受下來，並且利用蘇美人的楔形文字來拼寫自己的語言。

阿卡德時期的藝術

雖然阿卡德帝國的歷史很短暫，但是幅員遼闊。在當時的城市裡，國王是最大的富豪，還有一些私人資本家，他們從事手工業、商業和放債，但大多數人主要從事種植業、漁業和養殖業。每個城市都有石匠、鐵匠、木匠、陶工和寶石匠，他們可以在自由市場上出賣自己的手工藝品，買主支付貨幣或以實物代替貨幣。

國王、祭司和一些富人占有大部分土地，這些土地占有者將土地分成小塊，連同種子、農具和耕畜，分配給為他們服務的農民。農民則提供勞動，自行經營，然後將生產出來的剩餘產品繳納給寺院、宮廷或地主作為報答。那時農作物是大麥和小麥，提供乳液的牲畜是山羊和母牛，提供羊毛的是綿羊，羊毛是美索不達米亞的主要紡織材料；蔬菜有蠶豆、豌豆、大蒜、韭菜、洋蔥、小蘿蔔、萵苣和黃瓜；水果有甜瓜、椰棗、石榴、無花果和蘋果。

阿卡德帝國統一了亞洲西南部，促進了東西方各地商業的發展和文化的交流。那時阿卡德人控制著敘利亞和巴基斯坦一帶，而埃及的商船經常出沒於地中海東岸的港口。這讓之前相互獨立的兩個古老文明——兩河流域的古文明和古埃及的文明，開始頻繁地接觸起來。

黃河文明（西元前 21 世紀～前 16 世紀）

因地質特殊，故位於東亞的黃河多水患，時常氾濫的黃河流經黃土高原地區，攜帶了大量的黃土沖向下游，形成了廣闊而肥沃的沖積平原。黃河頻繁地改道、氾濫，形成了大片適宜農作物生長的區域。在農作物的生長期，雨季正好到來，這樣的氣候條件，為華夏祖先提供了獨一無二的生存環境。

黃河文明的中心在東亞得天獨厚的大草原上，在中國史籍中被稱為中原地區，中原地區的地理位置大致是以洛陽為中心，西至潼關、華陰，東至滎陽、開封，南至汝潁，北跨黃河至晉南、濟源一帶。

考古發現洛河二里頭遺址是夏代中晚期的都城，其出土的遺跡有宮城、墓葬、作坊及其他文物。在洛陽皂角樹、二里頭文化遺址中，發現粟、黍、大豆、小麥、稻等農作物籽實，這說明在距今 4,000 年的夏代已經栽培多種農作物。二里頭遺址發現的宗廟、壇，反映了當時人們對祖先的崇拜。

洛河二里頭遺址中的宮城建造得方正規矩，裡面有縱橫交錯的中心區道路網和具有中軸線規劃的建築基址群，這表示這些建築在建設時經過了縝密的規劃，各建築物的布局也是精心設計的。這個宮城的布局開了中國古代都城規劃制度的先河，許多形制為後世所沿用。

在二里頭遺址中，清理出多種手工業作坊，例如鑄銅、製玉、製石、製骨、製陶等作坊遺址，並且清理出大量青銅器、玉器、骨器、陶器製品。其中青銅爵、青銅斝形制古樸莊重，這些用合範法鑄造的青銅器代表著中國青銅器鑄造進入了新紀元。這裡出土的青銅器是中國最早的一批青銅器，也是世界上最早的一批青銅器。

世界上古史（西元前 4000 年～476 年）

二里頭遺址

　　洛河二里頭遺址的發現和發掘具有十分重要的意義。中國是世界上為數不多的有獨立起源的文明古國，也是四大文明古國中歷史唯一沒有間斷過的國家。但在中國古代文獻中，有確切歷史記載的年代只到西元前 841 年的周厲王統治時期。自二里頭遺址發現後，經多學科交叉研究、新考古發現，以及史書的相互印證，專家們認為，夏朝持續時間是西元前 21 世紀到前 16 世紀，後來被商朝取代。

　　夏朝是中國第一個奴隸制國家，有王室、貴族、平民和奴隸四種不同的階級，並且等級森嚴。大約西元前 16 世紀，商湯取代了夏朝，建立了商朝。

　　商朝的農業比較發達，對農田也有比較整齊的規劃，當時的農作物種類有黍、粟、稻、麥，商朝人還發明了中耕；有蠶桑經營，紡織業也有所發展；商代除有六畜外，還馴養了象，畜牧業相當發達。商朝人還能夠使用多種穀物釀造酒，可以鑄造精美的青銅器和燒製白陶。商朝的商業很發達，與周邊國家經濟貿易往來很多，今天「商人」一詞就是源自當時周邊國家對商朝人的稱謂。

二里頭陶器

商朝時期，科學技術已經得到極大的發展，殷墟中出土的甲骨文有詳細的天象記載，卜辭中也有關於日食、月食和星辰的記載。他們發明了完備的曆法，把一年分為四季、12個月。月有大小，還知道閏月，還有天干、地支、六十甲子等。

在數學方面，商朝人已經使用十進位制，同時在計時方面採用六十進位制，這就是干支計時法，是世界上最早的日曆。商朝的醫生已經有了關於人體疾病和治療藥物的豐富知識，還能用針灸、火灸、按摩等多種方法來治病。商朝還有編制整齊的多聲部樂隊，來演奏優美的音樂。

商朝歷經554年，17代31王，至西元前1046年被周武王所滅。

古巴比倫王國（西元前1894年～前1595年）

兩河流域肥沃的土地不僅孕育了蘇美璀璨的文明，也引起了不同部落在這裡角逐，最後相互融合，創造出更加輝煌的文明。

庫提人摧毀了薩爾貢建立的阿卡德帝國，不過庫提人的統治並沒有維持太久，他們很快被蘇美人打敗並驅逐。蘇美人奪得政權後建立了烏爾第三王朝，這一事件發生在西元前2100年前後。後來埃蘭人的入侵

導致烏爾第三王朝的毀滅，進而也導致了蘇美民族逐漸從歷史上消失。原先居住在敘利亞一帶的閃族的阿摩利人由西北乘虛而入，侵入了兩河流域。

西元前 1894 年，阿摩利人以幼發拉底河畔的巴比倫城為首都，建立了巴比倫王國。剛建立城邦國家的時候，巴比倫還比較弱小，但是阿摩利人是一個強悍的民族，他們不停地發動戰爭，向四周擴張，進而把巴比倫從一個小城邦拓展為一個大的國家。

到了第六代國王漢摩拉比時，巴比倫周圍的城邦經歷混戰，各方勢力都被大大削弱，於是傑出的漢摩拉比抓住這個時機，重新統一了兩河流域。在外交中漢摩拉比採取靈活的方式，當覺得自己的力量不夠時就與對方結盟，避免戰爭；當覺得時機合適時，就迅速撕毀盟約，轉入進攻模式。依靠這樣的策略，除了北方彪悍的亞述人沒有歸附，漢摩拉比基本統一了兩河流域南部地區。從這時開始，人們把以前的美索不達米亞稱為巴比倫尼亞（Babylonia），把美索不達米亞居民，無論是蘇美人、阿卡德人還是阿摩利人，統稱為巴比倫人。

古巴比倫建築

在內部統治中，漢摩拉比宣揚君權神授，在整個巴比倫建立了中央集權的體制，擁有了比較完善的官僚體系和一支常備軍，他用這些方式

把所有大權牢牢地掌握在自己的手中；對於一些較大的地區，他派總督去管理，對於一些小的地區和城市，他派級別低一些的官員去管理，全國大小官吏都由漢摩拉比親自任命；他提升了士兵的地位，把土地分給士兵；他重視興修水利，開鑿了溝通基什和波斯灣的運河，使大片荒地變成良田，為了抓好農業，他還任命專門的官員管理全國的水利系統；為了支撐王室的巨大開支，他開始對地方徵收各種賦稅。他在位期間，巴比倫王國的繁榮昌盛超過了以往蘇美的各個王國。

　　為了維護和鞏固自己的統治，漢摩拉比決定制定一部詳細的成文法典。經過多年的努力，《漢摩拉比法典》（The Code of Hammurabi）在漢摩拉比在位的晚期終於制定完成。全文共計282條，被鐫刻在一座黑色的玄武岩石碑上。《漢摩拉比法典》是世界歷史上第一部比較詳盡的成文法，它建立在兩個最著名的法律原則的基礎上，即「以眼還眼、以牙還牙」和「讓買方小心提防」。

　　古巴比倫人依然使用楔形文字，他們已經能夠區分恆星和五大行星，還能區分12個星座。並且已經掌握了四則運算以及求平方、立方、立方根、平方根的運演算法則，能解出有3個未知數的方程。

　　這個時期是巴比倫文明的鼎盛時期，其鑄造技術和冶金技術高度發達，並進入了鐵器時代，鐵犁、貨車及戰車被先後發明出來。

《漢摩拉比法典》（西元前1792年～前1750年）

　　在古巴比倫的農業時期，社會分化已經很嚴重。對於份地人們可以買賣、抵押、轉讓和繼承。占有公社份地的人必須向國庫繳納收穫量十分之一到四分之一的實物租稅，還要服勞役和兵役。根據習慣法，凡三年不納租稅和不服役者，喪失份地的占有權。絕戶、逃亡戶或三年不納

租稅者的份地,都沒收另行分配。

古巴比倫時期,王室可以支配的土地很多,國王擁有規模巨大的王室經濟,王室經濟的基礎部分主要集中在蘇美地區。古巴比倫時代王室地產的經營方式,不同於烏爾第三王朝時代的大規模集中經營,而是將土地分成大小不等的份地,主要分配給「納貢人」以及為王室服務的各類人,如王室商業代理人、軍人、手工業者等。

漢摩拉比統一兩河流域後,奴隸制經濟和商品貨幣關係迅速發展起來,土地和奴隸的私有化越發嚴重,租佃僱傭關係和高利貸活動也越來越常見。為了維護皇權貴族和奴隸主的利益,漢摩拉比在前人的基礎上,頒布了《漢摩拉比法典》。

《漢摩拉比法典》刻在黑色的玄武岩石碑上面,它高約2.25公尺,頂端周長約為1.65公尺,底部周長約為1.9公尺。石碑的上部刻著太陽神沙瑪什(Shamash)授權給漢摩拉比的浮雕,浮雕下面是用楔形文字雕刻的法典銘文,共計3,500行。

《漢摩拉比法典》由序言、正文和結語三個部分組成。正文部分是法典的主體,原文並沒有分出條款,後來的學者把整部法典分成三個部分共計282條,這三個部分主要涉及神、國家和私人。關於神的部分,主要是一些比較大的不可饒恕的罪惡;關於國家的部分,主要是用來調整王室土地、徵兵、雜役等方面的關係;關於私人的,主要是債權、嫁娶、離婚、財產繼承等方面。

漢摩拉比頭像

第二章 古代文明的曙光

《漢摩拉比法典》為後人研究古巴比倫的經濟、政治、法律制度提供了重要的依據。石碑的雕刻比較精細，表面是高度磨光的。太陽神形體高大，鬍鬚編成整齊的鬚辮，頭戴螺旋形寶冠，右肩袒露，身披長袍，正襟危坐，正在授予漢摩拉比象徵權力的魔標和魔環；漢摩拉比頭戴傳統的王冠，神情肅穆，舉手宣誓。這部製作精美的法典也成了古巴比倫文明的傑出代表。

漢摩拉比法典

《漢摩拉比法典》是東方文明的璀璨明珠，代表了古東方文明的偉大成就。法典中確立的有關債權、契約、家庭以及刑法等方面的一些原則，如關於偷盜他人財產必須受到懲罰、損壞他人財產必須進行賠償，誣告與偽證反坐的刑法原則，還有法官枉法重罰的原則，都對後世的立法有著重大的影響。

「要讓正義之光照耀大地，消滅一切罪與惡，使強者不能壓迫弱者。」幾千年前《漢摩拉比法典》中的話語，如今依然震撼著我們的心靈。

影響深遠的腓尼基字母（西元前 1500 年）

大約西元前 3500 年，閃族中的腓尼基人輾轉來到了敘利亞的西部，也就是現在的黎巴嫩共和國所在地，他們在這裡定居下來，形成了許多獨立的城邦，比較重要的有烏加里特、朱拜勒、賽達和泰爾。這裡沒有適合農業和畜牧業發展的平原，但因其瀕臨地中海，交通便捷，山上的

林木又適合建造船舶，所以腓尼基人很早便開始從事航海經商活動。

早在西元前 2000 年左右，腓尼基人就與埃及、克里特島等進行貿易，還開闢了通往地中海西部的航線。他們甚至穿過了直布羅陀海峽，遠航到了大西洋，南下非洲西岸，北抵不列顛群島，後來取得了地中海的商業霸權。

腓尼基字母

正因為腓尼基人主要從事航海經商業，古代東方的文明便透過他們逐漸傳播到了地中海各地。在記帳時，腓尼基人覺得當時流行的楔形文字太過煩瑣，於是他們就在埃及字母的基礎上，創造出 22 個更加簡便的子音字母表示文字，用來作為記載和交往的工具。

到了西元前 14 世紀，腓尼基人使用兩種字母：北部的烏加里特城邦使用一種楔形字母，南部的朱拜勒城邦使用一種線形字母。後來更加簡潔、易於書寫的線形字母淘汰了楔形字母。大約西元前 9 世紀，腓尼基人已經完全使用這 22 個線形拼音字母了，不過它們都是子音，沒有母音。

由於貿易往來，腓尼基人把這種拼音字母傳給了希臘人，希臘人把這種拼音加以改造，加上幾個母音字母，便成了希臘字母。大約西元前 7 世紀，希臘人開始用字母來寫字，然後又衍生出拉丁字母和斯拉夫字

母，這就是現在歐洲各種字母的由來。在亞洲，腓尼基人的拼音字母被帶到敘利亞一帶，那裡居住著使用阿拉米語的阿拉米人。阿拉米語的使用範圍非常廣泛，後來人們又從阿拉米文的字母中衍化出希伯來文、阿拉伯文、印度文及中國的維吾爾文的字母。所以世界上很多種拼音文字的字母，都可以追溯到腓尼基人的拼音字母上去。

腓尼基浮雕

在傳播字母的同時，腓尼基人還把埃及人用紙草、筆和墨水寫字的方式傳播到地中海兩岸。

腓尼基人創造了人類歷史上的第一批字母文字，對人類文化歷史的發展作出了偉大的貢獻。

叛逆的法老──阿蒙霍特普四世（約西元前 1379 年～前 1362 年在位）

在考古發現的所有的埃及法老中，阿蒙霍特普四世（Amenhotep IV）是最特別的：他生前集詆毀與讚譽於一身，死後又給後人留下了許多無法解釋的謎團。

阿蒙霍特普四世，是古埃及第十八王朝全盛時期的法老阿蒙霍特普三世的小兒子，童年時他一直生活在兄長的陰影下，很少在公開場合露

面,就連家族的群雕上也沒有他的身影。但是因為兄長英年早逝,他於西元前1379年意外即位,從此變成了眾人矚目的君王。

阿蒙霍特普三世統治時外交穩定,國家繁盛,但是國王與祭司之間已經出現不和諧的跡象。當時阿蒙祭司集團讓阿蒙與拉神相結合,創造出「阿蒙‧拉」,使得阿蒙神一躍成為眾神之神,神廟的勢力擴大不少,對王權構成了威脅。阿蒙霍特普三世為了擺脫神廟對王權的控制,決定用阿頓崇拜代替阿蒙崇拜。阿蒙霍特普四世即位後不久,就以宗教為名,強制推行對太陽神阿頓的崇拜,禁止崇拜除了阿頓神以外的任何神。這是空前絕後的宗教改革,打破了當時多神崇拜的傳統。

在之前的古埃及神話譜系中,太陽神被分為拉、阿圖姆(Atum)、哈拉凱悌(Horakhty)和凱布利(Khepri)四個不同的形態,多神崇拜的傳統一直保持著。阿蒙霍特普四世打破了這一傳統,創造出埃及乃至世界上第一個一神宗教,並且利用自己手中的王權強制推行。他下令關閉阿蒙神廟,並剷除所有跟阿蒙神相關的建築、藝術品等。為了表示自己與阿蒙神的決裂和對阿頓神的信

阿蒙霍特普四世

仰,他把自己的名字由阿蒙霍特普(意為「阿蒙的僕人」)改為阿肯那頓(Akhenaten,意為「阿頓的僕人」或「阿頓光輝的靈魂」)。

阿蒙霍特普四世在位的第五年,開始建造一座新首都,叫阿克塔頓(意為「阿頓的地平線」)。後來他開始把埃及絕大多數宗教活動都集中在阿克塔頓,並且開始在埃及各地為阿頓建造許多宏大的神廟。阿頓的神廟跟以往任何神廟都不一樣,它是一個露天的柱式大廳,人們可以在太

陽下與它直接交流,而不再像過去那樣被阻隔在廟宇外。阿肯那頓用一個嶄新的、簡化的崇拜儀式,代替了傳統宗教的一切繁文縟節。

在阿肯那頓統治時期,阿頓被尊為唯一的神。在一些古埃及壁畫中,可以看到阿頓神光芒四射的末端是舉著生命符號的手,它們都指向阿肯那頓及其家人。阿肯那頓宣稱自己是阿頓神的兒子,他和他的王后是阿頓神在人間的指定代言人,所以他們應跟阿頓一樣受到世人的崇拜。

根據考古發現「阿克塔頓」的總面積達 290 平方公里,城區為帶狀,沿尼羅河東岸延伸。考古工作者在古城裡發現了 5 座王宮和 4 座神廟,包括許多小祠堂、作坊、警局總部等公共建築,以及專門用來接待外國使節的地方。還在接待外國使節的地方發現了用當時的國際語言阿卡德語書寫在泥板上的書信,共計 382 塊泥板。這些書信主要來自巴比倫國王、亞述（Assyria）國王、西臺（Hittite）國王、米坦尼（Mitanni）國王、埃及和在迦南地區屬國的國王,是寄給阿肯那頓及其父親阿蒙霍特普三世的。

阿克塔頓古城遺址

透過這些書信,可以了解一些當時近東的外交關係。從其中一份亞述國王寫來的信中可以看出,亞述國王像其他國王一樣,貪婪地向埃及索取黃金,阿肯那頓主張直接與太陽神阿頓交流,結果導致外國使節中暑而死。

不過阿肯那頓的宗教改革最後還是以失敗告終。他的繼承者們很快又恢復了傳統的多神信仰體系，他建造的神廟也被拆除，所有出現他的名字和形象的地方都遭到毀壞，他和他家人的木乃伊、隨葬品更是不知去向。最後跟他相關的一切都逐漸被抹平，直到沙漠中「阿克塔頓」的廢墟被發現，阿肯那頓才重新引起人們的注意。

法老的詛咒

當你站在一個幾千年前的古墓的入口前，看到入口處寫著「死亡將降臨那些膽敢打擾法老睡眠的人身上」，你還會再進去嗎？當你壯著膽子進入，接著又看到寫著「任何懷有不純之心進這墳墓的，我要像扼一隻鳥一樣扼住他的脖子」，你會怎麼想？上面這兩段就是在古埃及新王國第十八王朝的法老──圖坦卡蒙的墓中發現的詛咒銘文。

圖坦卡門（Tutankhamun，西元前1361年～前1352年在位），從9歲開始統治古埃及，不過在19歲暴斃，他短暫的一生給後人留下了無盡的猜想。圖坦卡門原來的名字是圖坦卡頓，意思是「阿頓的形象」，後來改為「阿蒙的形象」。這說明他從原來崇拜阿頓神轉到崇拜阿蒙神。雖然圖坦卡門不是埃及歷史上功績最大的法老，但是因為他的墓葬，成為最著名的法老之一。

圖坦卡門的金色棺材

第二章 古代文明的曙光

圖坦卡門墓地被英國考古學家霍華德・卡特（Howard Carter）於 1922 年發現於埋葬法老的「國王之谷」的峭壁腳下，它由前室、墓室、耳室和庫室四個部分組成。除了墓室，其他的地方都放滿了家具、器皿、箱匣等器物，墓中的每件器物上面都裝飾有金銀珠寶。

在粉紅色的前室裡，放置著三張四周雕著怪獸形狀的金床，床邊還站著兩個真人般大小的黑色武士，還有鑲嵌寶石的王座、金光閃閃的戰車、各種樂器等。棺室由兩個威風的武士雕像守護著，裡面有四個金色的神龕，一具水晶石棺和三個棺套，黃金製成的內棺上寫著年輕法老的名言：「我看見了昨天，我知道明天。」

圖坦卡門墓地

圖坦卡門的木乃伊由三個人形棺與三個外槨層層保護，每一個的大小恰好卡進另一個，手工技藝相當精細。最內一層的人形棺由 22K 金打造，重 110.9 公斤，最外一層的外槨大到可以當中型汽車的車庫。圖坦卡門的墳墓中有一個個小型急救箱，裡面除了一些急救藥品，還有繃帶和類似骨折時用的吊帶。

在圖坦卡門的陵墓中，考古學者們發現了用小麥和大麥做的食物，以及加了蜂蜜和香料的牛羊肉，還有西瓜子、大罐葡萄酒和大批衣物，並且在衣物邊還有根據他的體型製作的木質模特兒，以及圖坦卡門洗禮

時用的圍巾。最讓人詫異的是還有四個雪花石膏箱，箱子中的罐子裡面裝的竟然是法老的肝、肺、胃和腸子。

在棺槨中圖坦卡門木乃伊渾身穿戴著項圈、護身符、戒指、金銀手鐲以及各種寶石，身上還配有兩把短劍，一把是金的，另一把是金柄鐵刃的。尤其是這把鐵劍極為罕見，因為埃及人那時剛擁有了使用鐵的原始技術。墓內還有一幅壁畫，畫的是這位年輕帥氣的圖坦卡門法老正被兩位天神接往天國。

圖坦卡門墓中眾多的文物給後人留下了珍貴的研究資料。同樣留下的還有他的「詛咒」，因為在這位年輕法老的墓門開啟後，多位參與開啟陵墓的人相繼死去，這是巧合，還是真的存在「法老的詛咒」呢？至今還無人得知。

附錄：第二章參考文獻

[1] 喬治·威爾斯。極簡世界史 [M]。北京：現代出版社，2017。

[2] 瑪麗奧特。你一定愛讀的極簡世界史 [M]。北京：臺海出版社，2015。

[3] 威爾·杜蘭特（Will Durant）。文明的故事1：東方的遺產 [M]。臺灣幼獅文化譯。成都：天地出版社，2018。

[4] 盛文林。深遠影響亞洲的文明古印度文明 [M]。北京：北京工業大學出版社，2014。

[5] 本刊編輯部。二里頭新探 [J]。世界遺產，2015(8)。

[6] 丁振宇。六大文明古國簡史 [M]。長春：吉林出版集團有限責任公司，2018。

世界上古史（西元前 4000 年～476 年）

第三章　社會制度大變革

經過兩千多年的累積和發展，世界上的人口增加了很多，慢慢有了城市，人類進入了一個新的階段，社會制度也發生了變革。不斷爆發的戰爭，讓統治階級的權力不斷增加，武器和宮廷奢侈品開始占據社會生產的一部分。貿易的發展，讓各個國家的往來頻繁起來，衝突也多起來，戰爭也不斷更新，政權更迭得更快。

華夏的開始（西元前 1046 年～前 771 年）

周是「華夏」一詞的創造者和最初指代，《尚書・周書・武成》載：「華夏蠻貊，罔不率俾。」《釋詁》云：「夏，大也。」故大國曰「夏華」。「夏」謂中國。孔穎達注曰：「夏，大也。中國有禮儀之大，故稱夏；有服章之美，謂之華。華、夏一也。」

周朝分為「西周」（西元前 1046 年～前 771 年）和「東周」（西元前 770 年～前 256 年）兩個時期。其中東周又被稱為「春秋戰國」時期，以

韓、趙、魏聯手打敗晉國執政的智氏家族為分水嶺，分為「春秋」及「戰國」兩個部分。

周武王滅商以後，在周國內實施分封制度，大封皇族及功臣。幾百年後，周國實力已經減弱很多，到了周厲王時期，連年戰爭，百姓苦不堪言。西元前841年，周國內部出現暴動，周厲王逃跑，朝中由召穆公、周定公兩位大臣執政，號為「共和」。西元前781年，周幽王即位，朝政腐敗，國人怨聲四起。

西周象首紋簠

西元前771年，西周覆亡，一些較大的諸侯國開始為爭奪土地、人口及對其他諸侯國的支配權發動戰爭，整個華夏地區混戰了幾百年，這就是中國歷史上的春秋戰國時期，也是東周時期，直到西元前256年，東周被秦國所滅才宣告結束。

周朝時，周國內部採取的是中央制度。周王是全國的最高統治者，下面設有兩大官僚系統，分別為卿事寮和太史寮。周天子對諸侯擁有較大的權威，諸侯要聽命於他並且按時向他納貢。大國諸侯可以兼任周王室的官吏，在封國內部，諸侯可以自己設定官制，制度大略與王室相同，還可以擁有各自的軍隊，成為一方之主。

周朝時期，周對於整個華夏採取的是分封制，古文獻中之「封建」即

「分封制」，封建制在周朝時期是周王室把疆域土地劃分給諸侯的社會制度。在封建制下，土地分別屬於各封地的諸侯所有，那些諸侯只需向周王室繳納一定的進貢即可。

西周還盛行井田制度。那時道路和渠道縱橫交錯，把土地分成一個個方塊，就像「井」字，所以稱為「井田」。這些井田歸周王所有，分給庶民使用。領主強迫庶民集體耕種井田，周邊為私田，中間為公田。

西周青銅器窖藏

東周春秋時期，貴族對原始社會末期父系氏族的風俗習慣進行發展和改造，創造了「禮」，用來統治人民和鞏固貴族內部的關係。《荀子‧禮論》說：「禮有三本：天地者，生之本也；先祖者，類（族類）之本也；君師者，治之本也。」「上事天，下事地，尊先祖而隆君師，是禮之三本也。」所說「禮之三本」，天地代表神權，先祖代表族權，君師代表君權。後來統治者以天、地、君、親、師作為禮拜的主要對象，就是根據這個理論。到了春秋後期，就出現了「禮崩樂壞」的局面。

晚周時期，工商業有了較大的發展，在不同的國家出現不同的、有固定價值的金屬貨幣。錢幣的使用，使得商業有了較大的發展，商業的發展使得城市開始成長，還出現了工業按照地點進行專業化的趨勢。

這一時期的文化，出現了百家爭鳴的盛況，儒家、道家、法家、墨家、兵家、陰陽家、名家、縱橫家、雜家、農家等不同學派出現了很多著名人物，如孔子、孟子、荀子、老子、莊子、墨子、孫武、孫臏、鬼谷子、蘇秦、呂不韋、張儀等。

這時候的文獻記載很豐富，尤其是壁畫。當時的雕刻作品主要是隨葬的泥木俑、玉石雕刻品，製成動物形、人形的青銅器和漆器及其他工藝美術品。當時的書法在中國書法史上占有重要地位，青銅銘文（金文）及石鼓文代表中國書法藝術發展的第一個高潮，其風格或質樸大氣，或靈動秀麗，具有特殊的美感，為後世所珍重。

西周鑄銅作坊遺址

周朝的音樂舞蹈受到歷代統治階級的重視和各階層人民的喜愛。開始時，宮廷樂舞與民間樂舞是嚴格分開的，到了戰國時代，宮廷樂舞開始吸收民間樂舞精華部分，創造了鄭聲、楚舞、楚音、宋音、衛音、齊音等。戰國時宮廷樂舞的規模很大，這一點可以從一些文獻和出土的實物中看出。從曾侯乙的墓中就出土了數十件成套的編鐘、編磬，這些編鐘、編磬不僅規模宏大，而且功能先進，解答了很多音樂史上的謎題。

周朝時的青銅器裝飾非常精美，紋飾種類也較多，主要分為禮樂器、兵器和雜器。由於社會經濟和政治的變化，各諸侯國的禮制觀念也

在不斷變化,與之緊密相關的玉製品也隨之發生變化。春秋戰國時期的玉器多為禮器,少數為生活用具。

中國是世界上最早使用天然漆的國家。商周時期,中國的漆器工藝很發達,到了春秋戰國時期,漆器的使用範圍更廣,技術也提升很多。春秋戰國時期,由於鐵器的使用和牛耕的推廣,青銅器逐漸退出歷史舞臺,這代表著社會生產力的顯著提升。

春秋戰國時期,織繡工藝也取得了很高的成就。在湖北江陵一個東周時期的楚國墓葬中,發現了35件儲存完好的衣物。出土紡織品有絲、麻兩大類,絲織品包括絹、綈、紗、羅、綺、錦、絳、組八大類,製作之精也是前所未有的。

所羅門寶藏(西元前971年~前931年)

西元前2000年左右,一批來自阿拉伯半島的迦南人在地中海東岸的巴勒斯坦中部築城定居下來,建立了一批古老的城鎮,叫「尤羅薩利姆」,意思就是「和平之城」,現在我們將它譯為「耶路撒冷」。大約在西元前1028年,猶太人在首領大衛的率領下攻占了這座城市,並將他們的首都遷到這裡,進而建立了統一的猶太國。從此,耶路撒冷就由迦南王國的首都,變成了統一的以色列王國的首都。

大衛統一迦南後,就把猶太教最為珍貴的聖物「約櫃」和「西奈法典」迎到耶路撒冷,將它們暫時安放在聖城的一座祭壇上,計劃日後修建一座宏偉的聖殿來供奉它們。相傳「約櫃」是一個外表包著黃金的木盒子,兩側是用橄欖木雕成的金光閃閃、展翅欲飛的天使,裡面放著聖徒摩西在西奈山頂上求取的神諭和法典。

第三章　社會制度大變革

所羅門的審判

　　大衛死後，他的兒子所羅門繼承王位，當時年僅20歲的所羅門用了7年時間，動用了20萬勞動力在耶路撒冷的錫安山上建造了猶太聖殿，也就是後來的「所羅門聖殿」，還在四周築了一道石牆，裡面只存放著「約櫃」以及刻有摩西經文的石碑。除猶太教的最高祭司長有權每年進一次聖殿探視聖物外，任何人都不得進入。

　　聖殿建成後，各地的人們都紛紛帶著許多的貢品來朝拜。據說，所羅門非常富有，每年可以從其附屬國徵收大約9.9萬公斤的黃金貢品，財富源源不斷地向這座聖城匯聚而來。所羅門將這些金銀珠寶都存放在聖殿裡，具體有多少，沒人知道。傳說所羅門居住宮殿的門窗、牆柱、祭壇、桌椅乃至一切飲器用具，都包著一層金箔或厚厚的黃金，整座宮殿就是一個金碧輝煌的天堂。

　　所羅門死後，猶太王國分裂成兩個國家。以耶路撒冷為中心的南方由所羅門的後代繼續統治，叫猶太國，聖物「約櫃」還放在聖殿裡，北方則繼承以色列的國名，不過全民族的祭司們依然到耶路撒冷的「猶太聖殿」獻祭，教民們也仍然到這裡朝聖。在後來的幾百年間，數十代君王都效仿偉大的先王所羅門，將收集來的金銀財寶收藏在聖殿中，而這些奇珍異寶就是歷代相傳的「所羅門寶藏」。

069

世界上古史（西元前4000年～476年）

所羅門時期陶器

西元前590年，新巴比倫王尼布甲尼撒二世（Nebuchadnezzar II）第二次攻打猶太國。耶路撒冷於西元前586年被攻破。王宮和聖殿全被燒毀，猶太王國滅亡，數萬猶太人被押送到巴比倫囚禁起來，整個迦南地區只剩下一些貧窮老弱的猶太人，從此無價之寶「約櫃」和「所羅門寶藏」下落不明。

有傳說稱，刻滿了天使圖案的「約櫃」和刻有「十誡」的兩塊大石板並沒有落入巴比倫人的手裡，而是在耶路撒冷被攻破之前就被猶太人藏到了聖殿下面的岩洞中；也有傳說稱，真正的「約櫃」早就被轉移出了耶路撒冷，被祕密地藏在了衣索比亞古都阿克蘇姆的一座古寺裡；還有傳說稱，所羅門的一個兒子已經將耶路撒冷聖殿中的真「約櫃」偷出，裡面放置的是假「約櫃」。

直到現在，「約櫃」和「所羅門寶藏」仍然是一個巨大而又充滿誘惑的謎團。很多人都想解開，卻沒人能夠找到有價值的線索。

第三章　社會制度大變革

亞述帝國的興起與衰落（西元前935年～前612年）

亞述地處兩河流域的北部，是一個多山的地區，那裡擁有豐富的木材和礦產。大約西元前2500年，這裡形成了以亞述城為中心的國家，這就是早期的亞述國。亞述最早的居民為胡里特人，後來又有阿卡德人遷入，兩種居民逐漸融合，創造了古代的亞述文明，那時亞述文明的主要語言是阿卡德語的亞述方言，文字是楔形文字。在阿卡德王國和烏爾第三王朝強大時，亞述曾依附於它們，直到西元前2000年前後才獲得獨立。

亞述的早期，土地歸公社所有，國家有貴族會議，國王稱為伊沙庫，權力並不大。那時亞述的商業貿易已相當發達，據記載它與小亞細亞、敘利亞、南部美索不達米亞、扎格羅斯山區、亞美尼亞等地都有商業來往，並且還在小亞細亞建立了若干商業殖民地。亞述商人還把楔形文字帶到了小亞細亞。

約西元前19世紀末，亞述城的統治者沙姆希～阿達德一世（Shamshi-Adad I）對周圍地區進行過多次征伐，馬里就曾臣服於亞述，小亞細亞東部也曾被亞述征服。最終沙姆希～阿達德一世占領了由阿卡德北部至地中海的廣大區域，世襲了阿卡德王國之王的稱號，號稱「天下之王」。不過在沙姆希～阿達德一世死後，亞述就迅速敗落下去，先後淪為古巴比倫王國和米坦尼王國的附庸。直到西元前15世紀末期，才又開始強大起來。

亞述古城遺址

世界上古史（西元前 4000 年～476 年）

　　西元前 14 世紀中期，亞述王亞述烏巴利特一世（Uballit I）擊敗了米坦尼，建立了強大的亞述帝國，也就是歷史上的古亞述帝國。此後亞述統治者逐漸採用了亞述王的稱號，並繼續向外擴張，他們先後擊敗喀西特巴比倫、西臺帝國和巴比倫，最終占領整個兩河流域，並把首都從阿淑爾遷往圖庫爾蒂 - 尼努爾塔鎮。這時亞述的政體已經開始向君主專制過渡，中央集權加強，國家常備軍也已經存在。社會的主要統治階級是大土地所有者、商人、高利貸者和大奴隸主階級。

亞述古城浮雕

　　西元前 10 世紀，亞述開始進入鐵器時代。鐵器的推廣，不僅促進了農業生產和手工業的快速發展，還讓好戰的亞述人製造出更加結實鋒利的武器。彪悍的亞述人拿著鐵製的武器，開始橫掃整個美索不達米亞。

　　那時，曾經強悍的鄰邦埃及帝國已經衰落，西臺帝國也被摧毀，南方的巴比倫王國也不再強大，東邊的波斯和米泰還沒成長起來，哪怕雄踞北方的烏拉圖面對快速崛起的亞述也束手無策。

　　亞述君王阿淑爾納西爾帕二世（Ashurnasirpal II，統治期間為西元前 883 年～前 859 年），是歷史上有名的暴君。他的碑刻銘文講到他對美索不達米亞和敘利亞的洗劫：「我用敵人的屍體堆滿了山谷，直達頂峰；我砍去他們的頭顱，用來裝飾城牆。我把他們的房屋付之一炬，我把他們

的皮剝下來，包住城門映牆；我把人活活砌在牆裡，我把人用木樁釘在牆上，並且斬首。」

正是阿淑爾納西爾帕二世最先領導亞述人走上了對外征服的道路，繼他之後的沙爾馬納塞爾三世（Shalmaneser III）與阿拉伯人、埃及人支持的南敘利亞同盟進行了三次戰爭，最終確立了對整個敘利亞地區的領導權，甚至一度征服了整個巴比倫尼亞。

亞述雕像

但是長期的戰爭，讓亞述國內人民的負擔加重，這引起了國內人民的強烈不滿，據記載亞述曾經發生過多次人民起義。於是亞述停止了對外擴張，開始了長達幾十年的休養。

西元前 745 年，提格拉 - 帕拉薩三世（Tiglath-Pileser III，西元前 745 年～前 727 年）開始領導國家。他首先對軍事進行了改革，把軍隊分成若干兵種，如戰車兵、騎兵、重裝步兵、輕裝步兵、攻城兵、輜重兵及工兵等，大大加強了亞述的軍事力量。然後他開始發動對外戰爭，打敗了烏拉爾圖（Urartu），征服了整個敘利亞地區，並插手巴比倫的王位繼承，進而使巴比倫與亞述合併，自己成了巴比倫之王。

亞述帝國的形成和發展就是一部戰爭史，凶殘的亞述軍隊所到之處城鎮都被焚燒破壞、財物被掠奪、居民被屠殺或被擄走，亞述人為兩河

流域的各民族帶來了無盡的災難和痛苦。由於亞述人在戰爭中的行為異常殘暴，猶太人將亞述首都尼尼微（Nineveh）稱為「血腥的獅穴」。建立在血腥上的功業是注定不會長久的，西元前612年，亞述帝國的首都尼尼微淪陷，亞述帝國隨著宮廷的火焰一起消失了。

婆羅門教的創立（西元前7世紀）

在印度正式產生宗教之前，生活在印度河流域的居民主要信仰地母神、動植物（特別是牛）、性器官和祖靈。一些考古出土的那時期的文物上還繪有修行者趺坐和冥想的形象。

早在西元前20世紀中葉，雅利安人就開始從興都庫什山和帕米爾高原進入印度河流域。經過長期的戰爭，他們戰勝了當地的土著民族──達羅毗荼人，兩個民族開始逐漸融合。進入印度河流域之前的雅利安人是游牧部落，他們是父系氏族公社，主要崇拜人格化了的自然神和祖靈，與印度河流域當地土著民族融合後，逐漸開始過渡到農業社會，形成了崇拜多神的吠陀教，吠陀教就是最早的婆羅門教。

印度吠陀的六牙白象

西元前10世紀中葉，雅利安人從印度河上游開始向東推進到朱木那河、恆河流域。當時，因為鐵器的使用，印度次大陸農業有了重大發

展，手工業和商業也逐步興起。快速發展的經濟，讓社會分化開始加劇，曾經以血緣為紐帶的村社變成以地域連繫的、由若干村社組成的農村公社。

婆羅門教

隨著階級的分化以及奴隸制度的形成和發展，印度的社會等級制度開始形成，這就是後來種姓制度的雛形。為了適應社會的變化，吠陀宗教開始進行自我革新，於是出現了以吠陀天啟、祭祀萬能和婆羅門至上為三大綱領的婆羅門教。

婆羅門教崇尚祭祀，主要分為家庭祭和天啟祭（或稱火祭）兩類。根據《梨俱吠陀》的記述，火祭祭品主要是牛乳、穀物、蘇摩酒、肉類等，祭祀場面往往十分宏大。《耶柔吠陀》、《阿闥婆吠陀》以及各種梵書中對火祭的意義、讚歌、咒術、儀軌、祭官等都有較系統的規定與說明。家庭祭主要是在家中進行，主要有十二種祭儀：受胎、成男、分髮、出生、命名、出遊、哺乳、結髮、剃髮、入法、歸家、結婚，儀式則相對簡單。

印度婆羅門教貝葉經手稿

　　經過長時間的演變，婆羅門教逐漸把人分為四個等級，也就是著名的「四種姓」。四種姓分別為：婆羅門，是執掌宗教事務的祭司；剎帝利，是執掌軍政事務的武士；吠舍，是從事生產活動的農民和手工業者；首陀羅，是奴隸；此外還有無種姓的賤民。前三種姓是「再生族」，婆羅門教可以使他們獲得第二次生命；第四種姓稱「一生族」。婆羅門教宣稱四種種姓是神創造的，種姓世襲，婆羅門是世界上最高貴的。

　　婆羅門教的鼎盛時期是西元前 8 世紀到 4 世紀，之後由於佛教和耆那教（Jaina）的出現和發展，婆羅門教開始衰落。西元 8～9 世紀，婆羅門教吸收了佛教和耆那教的一些教義，並結合了印度民間的信仰，逐漸發展成了早期的印度教，並不斷演變到今天。

斯巴達國家形成（西元前 7 世紀末～396 年）

　　斯巴達城邦位於希臘半島南端伯羅奔尼撒半島的拉哥尼亞平原上，拉哥尼亞平原三面環山，中間有一塊小平原，湍急的歐諾塔斯河流經此

地，為農作物的生長提供了便利，並且附近的泰格特斯山（Taygetos）盛產鐵礦，為農具和武器的製作提供了原料。

大約西元前 2000 年，阿卡亞人來到拉哥尼亞平原，形成了斯巴達城邦。在邁錫尼文明時期，斯巴達曾經被邁錫尼統治過，那時斯巴達是希臘本土重要的文明中心之一，但是在西元前 1100 年左右，多利安人侵入拉哥尼亞，摧毀了邁錫尼時代的城市文明。進入拉哥尼亞的多利安人分為三個部落，他們還處於原始社會末期，在西元前 10 世紀到前 9 世紀，他們共同建設了一個新的政治中心，就是多利安人的斯巴達城。因而居住在這一帶的多利安人被稱為斯巴達人。

西元前 800 年到前 730 年，斯巴達人向鄰近的地方擴張，他們征服了拉哥尼亞地區，迫使被征服的居民向其納貢。這些被征服者居住在斯巴達人的周圍，被稱作皮里阿西人。後來居住在希洛斯城的居民不堪忍受斯巴達人的壓迫而發動起義，不過起義被斯巴達人鎮壓，斯巴達人將這些起義者變成奴隸，稱之為希洛人。為了獲得更多的土地，斯巴達人侵入美塞尼亞（Messenian），占領整個美塞尼亞後，斯巴達人將其居民也變成了希洛人。

在對外征服的過程中，斯巴達的氏族制度開始迅速解體，國家逐漸形成，斯巴達的部落管理機構也慢慢轉化為鎮壓被征服者的暴力機關。西元前 7 世紀時，斯巴達國家的基本體制已經形成。

斯巴達是多利安人在部族征服的基礎上建立起來的奴隸制國家，也是奴隸主專政的國家，國家機構由國王、公民大會、長老會議和監察官組成。統治階級相對平等，斯巴達人的國王是由兩個權力相當的家族世襲，平時兩個國王都做祭司長、裁判官，發生戰爭時則由其中一人擔任軍隊的統帥。

斯巴達戰士

斯巴達還有一個機構叫做公民大會，公民大會由年滿 30 歲的斯巴達男子組成，但是權力很小，只有表決權，立法權屬於長老會議。長老會由兩個國王和 28 名 60 歲以上的氏族長老組成，一切國家大事先由長老會討論決定，然後再由公民大會通過。當長老會向公民宣布決策時，公民大會以是否有呼聲來表示接受或者拒絕。為了加強統治，斯巴達人的公民大會每年要選出 5 位長官，負責處理國家的行政事務，並對國王和長老會加以監督。

斯巴達戰士浮雕

斯巴達的貴族為了維護自己的統治地位，在本階級內厲行軍事訓練，意圖將每個斯巴達人都訓練成戰士。所有貴族家庭出生的嬰兒，都由長老檢查，只有身體強壯的才能留下撫養，體力弱的就扔到荒郊野外的棄嬰場去。斯巴達男孩從 7 歲開始便離開家，到軍營接受嚴格的軍事訓練，他們要對首領絕對服從。每年的節日他們要跪在神像面前接受鞭刑，不許求饒、不許喊叫、甚至不許出聲。這些經過訓練的貴族青年，在 20 歲時，便成為戰士和公民，可以參加政治活動。斯巴達的貴族青年從小就被灌輸斯巴達人高貴、希洛人低賤的思想，他們唯一的目的就是如何做一個勇敢有力的統治者。

斯巴達雖然是城邦，其實並沒有城，它不像其他的希臘城邦那樣有高牆的防衛。在所有希臘城邦中，斯巴達是最落後、最保守的。斯巴達厲行軍國主義，一切事務都以提升軍事效率為目標，這扼殺了斯巴達人的創造性。對光輝燦爛的古希臘文化可以說斯巴達人幾乎沒有貢獻。

千年古城羅馬的傳說（西元前 753 年～ 476 年）

在希臘人攻陷特洛伊城時，一些特洛伊人坐船逃脫了，他們歷經千辛萬苦來到亞平寧半島（即義大利半島）上，在半島上的臺伯河出海口附近定居下來，慢慢建立了自己的王國──阿爾巴隆伽（Alba Longa）。

阿爾巴隆伽國王努米特，有個野心勃勃的弟弟阿穆利烏斯，他用陰謀奪取了哥哥的王位，並將哥哥流放。為了防止哥哥的後代來復仇，他殺了哥哥的兒子，並強迫哥哥的女兒做了女祭司。女祭司一生都必須保持童貞，且不能結婚。他覺得這樣做，自己的政權就能穩定了。

可是計畫總有疏忽的時候，戰神瑪爾斯讓他的姪女懷孕，並產下雙胞胎兄弟。聽到這個消息後，阿穆利烏斯非常生氣，他下令把姪女處

死，並讓女奴把兩個嬰兒扔到臺伯河裡淹死。女奴把兩個孩子放到籃子裡，當時臺伯河河水正在氾濫，她不敢靠近，於是把籃子放到河邊就慌忙離開了。籃子並沒有被沖走，孩子的哭聲引來了前來喝水的一頭母狼，牠奔到孩子身邊，不僅沒有傷害兩個孩子，還把他們帶回到山洞，用自己的乳汁餵養起來。

後來這兩個孩子被一個獵人發現並領回了家。獵人給他們分別取名為羅穆盧斯（Romulus）和瑞摩斯（Remus），精心養育他們成人。兩兄弟勇敢健壯，身邊漸漸聚集了一群牧人、流浪者和逃亡的奴隸。後來，兩兄弟偶然遇到了被流放的外祖父，得知自己的身世後，他們殺死了阿穆利烏斯，迎回外祖父努米特，讓他重登王位。

努米特把他們被拋棄的地方——臺伯河畔的七座山丘贈送給他們，讓他們建立新的都城。兩兄弟為了確定新城的名字和誰來統治這座新城而爭吵了起來，爭吵中羅穆盧斯殺死了瑞摩斯，於是羅穆盧斯就以自己的名字命名新城為羅馬。據說這一天是西元前753年4月21日，後來羅馬人就將這一天作為羅馬的建城日，並將「母狼乳嬰」圖案定為羅馬市徽。

羅馬母狼

羅馬雖然建立起來了，但是城市裡面的人口卻很少，很多人都不願遷到這座新建的城市中，只有那些逃亡者、流浪漢和流氓願意來，不過

他們都是男子，並且名聲不好，周圍的人們不願將自己的女兒嫁過來。為了增加城市人口，羅穆盧斯命人搶奪附近薩賓人的婦女，最後將羅馬人與薩賓人融合為一個民族。

隨著人口增多，羅馬城逐漸繁榮起來，成為羅馬帝國的首都。西元1～2世紀，羅馬成為西方最大的帝國。羅馬古城南北長約6,200公尺，東西寬約3,500公尺，城牆根據山坡和河流的曲折起伏而建，整體呈不規則狀，像一隻蹲伏的雄獅。

羅馬人對於城市的功能設計和構想非常先進，有的理念甚至讓今天的都市計畫設計者們都自嘆不如。城內有全部用青石板鋪設而成的大街，呈「井」字形，有規則地縱橫交錯。兩旁的人行道比路面高出20公分，用來保證行人的安全通行，街道還設定有引水渠，暗置排水溝。在瑪利納城門的入口處，還設定了牲口、車輛和行人通行的兩個不同的拱門，展現了當時先進的城市交通分流的理念。

西元476年，日耳曼人首領奧多亞塞（Odoace）廢黜西羅馬帝國皇帝羅慕路斯·奧古斯都（Romulus Augustus），羅馬帝國的統治宣告結束。在這千年間，羅馬古城一直是世界上最大的都城，繁榮時人口超過百萬。

世界傳奇帝王——居魯士大帝
（約西元前600年～前530年）

西元前7世紀的伊朗高原上，生活著米底和波斯兩個部落，不過西元前612年米底與新巴比倫王國一起摧毀了亞述帝國，成為西亞最強大的國家之一，波斯成為米底的附庸。

正當米底的國王阿斯提阿格斯（Astyages）恣意享受這一切時，突然夢見已嫁給波斯首領的女兒的後代，將奪取自己的王位併成為亞洲的霸

主。不久,他的女兒生了一個男嬰,就是居魯士(Cyrus)。於是阿斯提阿格斯便命令自己的親信大臣哈爾帕哥斯(Harpagos 或 Hypargus)處死居魯士,但是哈爾帕哥斯不敢自己動手,便把居魯士交給了一個牧人,讓他把孩子丟在荒野。當時牧人的妻子剛產下一個死嬰,於是他們夫婦就留下了居魯士,用自己的死嬰頂替交了差。

10歲的居魯士在跟同村的孩子玩扮演國王的遊戲時,鞭打了一個「違抗命令」的貴族的孩子,事情越鬧越大,最後鬧到了國王阿斯提阿格斯面前,居魯士的身分因此被曝光。不過,宮廷祭司說,這個孩子已經在遊戲中成為國王,不會第二次成為國王了,於是阿斯提阿格斯消除了疑慮,把居魯士送回了波斯。因為發現哈爾帕哥斯沒有殺死居魯士,國王非常生氣,就處死了他的獨生子,並烹成菜餚讓哈爾帕哥斯當面吃下,這引起了哈爾帕哥斯刻骨的仇恨。

西元前559年,居魯士統一了波斯的10個部落,成了波斯人的首領。一直想要報殺子之仇的哈爾帕哥斯,開始聯繫居魯士,表示如果居魯士攻打米底的話,自己就當內應。西元前553年,居魯士開始起兵攻打米底,3年後攻克了米底的都城,正式建立了波斯帝國。

居魯士大帝

波斯西邊的強鄰呂底亞(Lydia)的國王看到波斯日益強大起來後,非常擔心,想趁波斯立國未穩,出兵將它滅掉。西元前547年,呂底亞出兵攻打波斯,並焚毀了遇到的第一座波斯城市普特里亞。

居魯士聞訊後,急忙趕到這裡,與呂底亞軍進行會戰。雙方各有優

勢，會戰也各有傷亡，並沒有分出勝負，呂底亞國王決定退兵。居魯士為了防止呂底亞集合更多的軍隊進攻波斯，主動出擊攻入呂底亞本土。為了應對呂底亞人配備長矛的騎兵，居魯士讓運載糧食和行李的駱駝走在前面，並配上騎手，步兵和騎兵緊隨其後，最終擊潰了呂底亞軍隊，呂底亞王國滅亡。

這時，西亞的三大強國只剩下美索不達米亞的巴比倫王國了，但是居魯士沒有貿然去進攻巴比倫王國，而是先征服了東伊朗和中亞等地，在巴比倫內亂時才伺機出兵。雖然巴比倫城異常堅固，但是由於內部的分歧，城門為居魯士自動敞開，當他入城時，道路上鋪滿了象徵和平的綠枝。

居魯士對被征服的地區非常寬容，除要求他們承認波斯帝國的最高統治外，其他基本沒有變動。他還允許那些被迫遷走的猶太人重返家園，並支持他們重建被毀的耶路撒冷神廟。

習慣於馬背上生活的居魯士，即使到了花甲之年也雄心依舊。為了解除中亞游牧民族的威脅，他於西元前530年，親率大軍攻打草原上的馬薩格泰人部落，並殺死了馬薩格泰王子。雙方的戰鬥非常殘酷，最終馬薩格泰人獲勝，波斯軍隊幾乎全軍覆沒，居魯士也在戰鬥中陣亡。

居魯士墓

居魯士不僅是一個軍事天才，還是一個寬厚的統治者。他擊敗了從小就想殺死自己的外祖父，並讓外祖父與自己住在一起頤養天年；他打敗了波斯的世仇呂底亞帝國，並把呂底亞國王仍然當作一位帝王對待；他不許軍隊擾民，並尊重當地人的風俗習慣、宗教信仰。

居魯士大帝是那個時代的奇蹟。

梭倫改革（西元前594年）

梭倫（Solon）出生於古代雅典一個沒落的貴族之家，早年的他為了復興家業四處經商遊歷，去過很多地方，每到一個地方，他都要考察當地的風土人情。這些經歷不僅增加了梭倫的知識和經驗，還讓他了解到下層平民的疾苦，對他一生的改革事業產生了深遠的影響。

西元前594年的一天清晨，雅典成千上萬的農民、手工業者和新興的工商業奴隸主會聚在雅典的中心廣場上，他們等待著新上任的首席執政官梭倫宣布一項重要法律。

這個重要的時刻終於到來，在眾人的注視下，梭倫大步走到一個大木框前，用手輕輕一撥，架在木框上的木板立即翻轉過來，人們看到了木板上的新的法律。梭倫大聲宣布道：「由於欠債而賣身為奴的公民，一律釋放；所有債契全部廢除，被抵掉的土地歸還原主；因欠債而被賣到外邦做奴隸的公民，由城邦撥款贖回……此法律的有效期為一百年。」頃刻間，四周歡聲一片，那些無力還債的農民開心無比，整個雅典城上空籠罩著一片熱烈的氣氛。

梭倫

第三章　社會制度大變革

在梭倫改革之前,雅典農民的生存環境已經非常惡劣。當時的法律規定如果借了他人的債沒有還清,他人就在借債者的土地上豎起一塊債務碑,表示債務者淪為「六一漢」,即每年的收入自己只能留下六分之一,剩餘的六分之五要上繳給債主。如果收成不夠繳納利息,債主就可以把欠債的農民及其妻子、孩子變賣為奴。

梭倫的《解負令》,明令廢除了這一債務關係,拔掉了農田上那些債務碑,使得那些因債務而淪為奴隸的人得以恢復自由,並且規定了人們以後不得再以自己的身體和子女作為債務抵押。那些債奴和負債逃跑的農民,都以自由之身重新回到了自己的土地上。

梭倫改革

在梭倫改革之前,雅典實行的是以嚴酷著稱的德拉古法(Draconian Code)。那時哪怕你只是偷竊水果,或者是懶惰一下,都會被處死,梭倫改革了這一酷刑,讓刑罰更加人性化。

梭倫還採取了許多措施來推動手工業和商業的發展,例如:除了自給有餘的橄欖油外,禁止任何農副產品出口;所有雅典的公民在有了兒子以後,必須讓兒子學會一門手藝;對於外地有技術的手工業者移居雅典的,給予其公民權;還確定了私有財產繼承自由的原則等。

此外梭倫還廢除了世襲貴族的權力，不再以出身來劃分公民的等級，而是以財產的數量來劃分公民的等級。他按一年農產品收入的總量把公民分為四個等級，分別為 500 斗、300 斗、200 斗和 200 斗以下。各等級的政治權利根據其財力的大小而定，第一級可以擔任一切官職，第四級的公民不能擔任公職，但是有權參加公民大會和民眾法庭。

梭倫改革既沒遷就貴族，也沒偏袒平民，雖然貧富雙方開始都不滿意，但是慢慢就體會到了它的好處，從而使得改革沒有遭到強烈的反對。最終不僅使雅典走出了困境，還奠定了雅典此後兩百年的繁榮昌盛。

梭倫改革在雅典城邦歷史發展的程序中，發揮重要的作用，它不僅奠定了雅典的民主制度，還推動了工商業的發展。它調整了不同階層之間的利益關係，讓從事勞動的中小收入者的政治、經濟及社會地位都得以提升。

眾神之神 —— 宙斯神像（西元前 456 年）

宙斯（Zeus）是古希臘神話譜系中的眾神之神，是奧林匹斯的主神，他能知曉、洞悉世間所有的事物，在古希臘神話中他掌管著眾神及人類的命運。因為對宙斯的敬畏、崇敬和嚮往，人們在奧林匹亞為他建立了一座當時世界上最大的室內雕像。

大約西元前 470 年，建築師伊利斯人李班（Libon of Elis）被委任監建宙斯神殿的工作，這項工作延續到西元前 456 年才完成，神殿中的宙斯神像由雕刻家菲迪亞斯（Phidias）負責雕刻。根據古代文獻記載，菲迪亞斯雕塑神像的技藝達到了登峰造極的地步，能賦予神像高不可攀的莊嚴氣概。特別是宙斯像，在普通的宗教形象外，更增添了獨特的藝術效

果。埃米利烏斯・保盧斯（Aemilius Paulus）曾描述他第一次看到宙斯神像的情景：「我的靈魂都受到了觸動，似乎親眼看到了真正神明的光輝！」從這描述中可以看出菲迪亞斯的藝術造詣，讓人遺憾的是，菲迪亞斯宙斯神像的原作品和他的其他作品一樣已全部遺失。

奧林匹亞宙斯神殿

但是，宙斯神殿卻保持了很久。據記載整個神殿由 34 根高約 17 公尺的科林斯式石柱支撐著，殿頂用大理石建造而成，神殿前後的石像都是用派洛斯島的大理石雕成。殿內西邊的人字形簷飾上，裝飾著很多雅典風格的雕像。

旅行家沙尼亞斯巴（Pausanias）在他的《希臘遊記》（*Description of Greece*）一書中，對宙斯神殿和神像作了詳細的描述，書中記載：「宙斯神主體為木製，身體裸露在外的部分貼上象牙，衣服則覆以黃金。頭頂戴著橄欖枝編織的皇冠，右手握著象牙及黃金製成的勝利女神像，左手則拿著一把鑲有各種金屬打造的權杖，杖頂停留著一隻鷲。」「神像身後掛著由耶路撒冷神廟劫掠得來的神聖布幔。菲迪亞斯精密地規劃四周變化，包括由神廟大門射向雕像的光線。為了讓神像的面容更為美麗光亮，他於神像前建造了一座大而淺、裡面鑲了黑色大理石的橄欖油池，利用橄欖油將光線反射。」

從宙斯神像被雕刻完成到被毀滅，一共歷時 900 多年，在這 900 多年間，雅典的人們一直膜拜著它。西元 393 年，羅馬皇帝狄奧多西一世（Theodosius I）頒布了禁止競技的敕令，古代奧林匹克競技大會也在這一年終止。西元 426 年，羅馬皇帝又頒布了異教神廟破壞令，於是宙斯神像遭到破壞，古希臘最後的榮光也從此消失了。西元 522 年及西元 551 年發生了地震，神廟被震垮，隨後奧林匹亞地區經常洪水氾濫，整座城市被掩埋在淤泥之下。不過，宙斯神像在這之前已經被路易西運往君士坦丁堡，並藏在他的宮殿內 60 多年，最後在城市暴動中毀滅了。

附錄：第三章參考文獻

[1] 劉欣如。印度古代社會史 [M]。北京：商務印書館，2017。

[2] 曹秉鎬。消失的帝國 [M]。北京：團結出版社，2014。

[3] 呂思勉。中國史 [M]。北京：中國社會科學出版社，2008。

[4] 陳超。地圖上的古希臘史 [M]。上海：東方出版中心，2016。

[5] 斯塔夫里阿諾斯 (Leften Stavros Stavrianos)。全球通史 [M]。北京：北京大學出版社，2006。

[6] 艾婉喬，楊月光。克里特島的米諾斯文明 [J]。中國文化遺產，2015(3)。

[7] 黃仁宇。中國大歷史 [M]。北京：生活‧讀書‧新知三聯書店，2014。

世界上古史（西元前 4000 年～476 年）

第四章　奴隸社會的產生

　　人的聰明才智，讓人類社會的勞動生產率有了很大的提升，於是出現了大量的剩餘產品。剩餘產品的出現，導致私有制的形成，於是出現不同的階級，人類進入奴隸制社會。在奴隸社會，奴隸主是管理階層，他們擁有奴隸，占有奴隸的勞動成果。奴隸沒有財產，沒有人身自由，奴隸的後代也世代為奴。這個制度存在了幾千年，直到西元 476 年西羅馬帝國滅亡，西歐的奴隸制社會才結束。

聖人孔子（西元前 551 年～前 479 年）

　　西元前 551 年，在魯國陬邑（今山東曲阜）的尼山誕生了一個男嬰，因為他出生時頭頂凹陷，於是家人將他取名為「丘」，又因為他母親曾禱於尼丘山，故字「仲尼」，這個男嬰就是大聖人孔子。

　　在孔子 3 歲時，父親病死了，他的母親和他被父親的正妻趕出了家

門。母子二人遷居到曲阜闕里，過著清貧的生活。在這種環境下孔子漸漸長大，他在 15 歲時便立下了做學問的志向。孔子十分好學，並且天資聰慧，在年少時就已經博古通今。

西元前 535 年，孔子 17 歲時，他的母親去世了。這一年，魯國的季氏設宴款待魯國的文士，孔子也被邀前往。要進大門時，季氏的家臣陽虎見孔子貧窮年少，就攔住了他，說道：「季氏饗士，非敢饗子也。」（季氏招待名士，沒有請你啊。）陽虎語言中的輕蔑讓孔子退了回去。

孔子講學圖

大概是從這時開始，孔子產生了入仕為官的想法，他因此非常關注天下大事，常常思考和發表治理國家的看法。開始時，孔子被委任過管理倉庫的小官，後來又被改作乘田，管理畜牧。他聽聞郯國的國君郯子學識淵博，就去拜見郯子，向他詢問郯國古代的官制。

因為經常進行公開活動和講演，孔子在 30 歲時已經有了些名氣，西元前 522 年，齊景公與晏嬰出訪魯國時還專門跟孔子討論秦穆公稱霸的問題。西元前 517 年，魯國發生內亂，魯昭公被迫逃往齊國，孔子也來到了齊國，受到齊景公的賞識。不過這也招來了齊國大夫的嫉妒，他們想要加害孔子。沒有辦法，孔子又逃回了魯國。

西元前 499 年，孔子被委任魯國大司寇，攝相事。為了改善魯國的現狀，孔子多次向魯定公提出建議。但是魯定公迷戀歌舞，早已不理朝政，這讓孔子深感絕望，認為自己的抱負在魯國無法施展。於是在 55 歲時，孔子帶著自己的弟子們離開魯國，開始周遊列國，為實現自己的抱負尋找新的出路。

孔子帶著弟子首先來到衛國，受到衛靈公的尊重，但是後因小人的讒言，衛靈公對孔子起了疑心，開始監視孔子的行動，不得已孔子帶領弟子又回到了魯國。後來孔子帶著弟子又先後去過曹國、宋國、鄭國、陳國，一路上有被故意圍困過，有被討厭過，有不被接見過，也有被加害過。出於種種原因，沒有一個國君接受孔子的政治主張和見解。

直到孔子 68 歲（西元前 484 年）時，在其弟子冉求的努力下，季康子派人以幣迎孔子回到魯國。孔子周遊列國 14 年，至此結束。雖然此時孔子仍有心從政，但仍不被重用。西元前 479 年，孔子患病不癒而卒，享年 73 歲，葬於魯城北泗水岸邊。

孔子求學

政治上的不得意，使孔子將很大一部分精力用在了教育事業上。對於教育，他建構了完整的道德思想體系：用性善論開始堅持禮的行為規

範和仁的行事理念。

孔子的政治思想核心是「禮」與「仁」，在治國的方略上，他主張「為政以德」，用道德和禮教來治理國家是最高尚的治國之道。孔子的最高政治理想是建立「天下為公」的大同社會，「小康」社會是孔子主張的較低的政治目標。孔子的這種「大同」和「小康」社會理想對中國後世影響深遠。

孔子在中國歷史上第一個提出了「人的天賦素養相近，個性差異主要是因為後天教育與社會環境影響」。他認為每個人都可以受教育，每個人都應該受教育。他還提倡「有教無類」，創辦私學，廣招學生，打破了貴族對學校教育的壟斷，把受教育的範圍擴大到平民。

孔子治史思想的一個重要主張就是「直」，即研究歷史要實事求是，不但要重視根據，而且要「知之為知之，不知為不知」。

孔子一生四處遊歷。他從漫長的遊歷生涯中悟出精闢的人生哲理，並形成對遊歷的獨特見解。孔子的「遊」主要有三種形式：遊覽、遊學、遊仕。也就是說，孔子在遊中問學教學、遊中求仕入仕、遊中生情怡情、遊中悟道傳道。

孔子周遊列國

孔子是中國古代著名思想家、教育家，他開創了私人講學的風氣，倡導仁、義、禮、智、信，是儒家學派創始人。孔子曾受業於老子，晚年修訂六經，即《詩》、《書》、《禮》、《樂》、《易》、《春秋》。孔子去世後，其弟子及再傳弟子把孔子及其弟子的言行語錄和思想記錄下來，整理編成儒家經典《論語》。

孔子在他那個年代被尊奉為「天縱之聖」、「天之木鐸」，是當時社會上的最博學者之一，被後世統治者尊為孔聖人、至聖、至聖先師、大成至聖文宣王先師、萬世師表，其儒家思想對中國和世界都有深遠的影響。

古羅馬共和國（西元前 509 年～前 27 年）

西元前 510 年，羅馬人趕走了暴君，結束了羅馬王政時代，並於第二年建立了羅馬共和國。國家由元老院、執政官和部族會議三權分立。掌握國家實權的元老院由貴族組成；執政官由百人議會從貴族中選舉產生，行使最高行政權力；部族大會由男性平民和男性貴族構成。這種共和制延續了數百年，直到西元前 27 年，屋大維建立元首制，羅馬共和國才被羅馬帝國取代。

羅馬剛建立時，只是一個小國家。從西元前 5 世紀開始，先後打敗了拉丁同盟中的一些城市和近鄰伊特拉斯坎人（Etruscan），接著又征服了義大利半島南部的土著人和希臘人的城邦，成為地中海西部的大國。

在羅馬不斷擴張的過程中，社會衝突也在不斷激化。從西元前 130 年代到西元前 30 年代，先後爆發了西西里奴隸起義和斯巴達克起義。西元前 90 年，義大利人為了爭取羅馬公民權，也發動了起義，被稱為「同盟者戰爭」。凱撒（Gaius Iulius Caesar）死後，屋大維（Gaius Octavius

Thurinus）在西元前 27 年被元老院授予「奧古斯都」的尊號，建立了元首制。於是古羅馬共和國結束，古羅馬進入羅馬帝國時代。

古羅馬共和制實行三權分立。由百人議會中選出兩名執政官，他們權力平等，掌管國內事務，指揮軍隊作戰，並且一年一任，不得連任。由 300 人終身制的元老院，掌管著國庫的運作和一切對外事務。這種結合了君主、議會、共和三種政體基本特點的體制為其稱霸一方提供了保障。

羅馬還設立了三元奴隸制等級制度。一元公民，擁有選舉權和被選舉權；二元平民，沒有選舉權和被選舉權，但擁有人身自由；三元奴隸，沒有人身自由。

羅馬對軍人實行嚴厲的軍法，羅馬人在軍隊中逃跑、偷竊、丟掉武器和盔甲等都要被判死刑。其中最為恐怖的是「十一抽殺律」，如果一個團隊集體逃跑，這個團隊所有人抽籤，十籤中必有一死籤，對抽中死籤的人，長官僅僅拿起武器示意一下，其他所有的士兵就隨意對這個人施行任何凌虐及屠殺，死狀慘不忍睹。因為有嚴酷的軍法，所以羅馬軍隊戰無不勝，攻無不克。

西元前 107 年到前 103 年，首席執政官馬略（Gaius Marius）推行軍事改革。他將原有的徵集公民兵改成了募兵制，開始招收窮苦的公民服役。公民最多服役 16 年，服役期滿後國家會分配土地給他們，服役期間的裝備、給養都由國家供應，並且還支付軍餉。

馬略改革

馬略的軍事改革，擴大了兵源，增強了軍隊的戰鬥力，軍隊的性質也逐漸發生變化，成為社會、政治抗爭的重要因素。

蘇格拉底的信仰（西元前469年～前399年）

西元前399年的一天，古希臘大哲學家蘇格拉底（Socrates）走完了自己的一生。當時，政府宣布蘇格拉底的罪狀：第一，不敬雅典正神，自創邪教迷惑眾生；第二，散布邪說腐化青年。

面對這莫須有的罪狀，蘇格拉底選擇了坦然接受法庭的審判。在法庭上，他依靠自己雄辯的口才，還有原本就是無辜者的身分，讓絕大多數的陪審人員傾向於將他釋放。後來，法庭宣布只要他交出罰金，這案子就算了結了，但是蘇格拉底認為自己沒有錯，如果交了罰金就代表自己認錯了，所以堅決不交。

後來法庭又作了讓步，只要蘇格拉底承認自己錯了，並且保證以後不再「妖言惑眾」，就一樣可以得到豁免。但是蘇格拉底仍然表示自己絕對不會認錯，他表示只要他的良心還在讓他繼續前行，他就會繼續拉住

每一個遇到的人，把自己的想法告訴他們，不管產生怎樣的後果都在所不惜。

這樣，蘇格拉底就只有死路一條了。法庭宣判他死刑時，本來他仍有機會逃亡，但是蘇格拉底依然選擇飲下毒酒，他從容地說道：「我將服從真理，而不是你們。」

蘇格拉底之死

蘇格拉底出生於希臘雅典一個普通公民的家庭，那時的雅典群星璀璨，智者從全希臘各地雲聚到此，為雅典帶來了新的知識和自由的新風尚，蘇格拉底就是沐浴著這樣的文化成長起來的。他曾說：「我的母親是個助產婆，我要追隨她的腳步。我是個精神上的助產士，幫助別人產生他們自己的思想。」

為了專心做學問，蘇格拉底一生都過著艱苦的生活。他一年四季都只穿著一件普通的衣服，並且經常不穿鞋子，對吃飯也從不講究。

蘇格拉底整天到處找人談話，討論問題，探求對人最有用的真理和智慧。他的一生中的大部分時間都是在室外度過的，他喜歡在市場、運動場、街頭等公眾場合與各種類型的人探討各式各樣的問題，例如虔誠是什麼？美德是什麼？勇氣是什麼？真理是什麼？你的工作是什麼？你

有什麼知識和技能？你是不是政治家？你是不是教師？在教育無知的人之前你怎樣征服自己的無知？等等。

蘇格拉底之光

有一次，蘇格拉底來到市場上，一把拉住一個過路人說道：「大家都說要做一個有道德的人，但道德究竟是什麼？」

那人回答說：「有道德的人忠誠老實，不欺騙別人。」

蘇格拉底又問：「但與敵人作戰時，我軍將領卻要想方設法地去欺騙敵人啊？」

「欺騙敵人是符合道德的，但欺騙自己人就不道德了。」

蘇格拉底反駁道：「但是當我軍被敵軍包圍時，將領卻欺騙士兵說，我們的援軍已經到了，於是大家士氣高漲，奮力突圍成功。這種欺騙也是不道德的嗎？」

那人回答道：「那是在特殊情況下無奈的選擇，平常生活中這樣做還是不道德的。」

蘇格拉底繼續追問道：「如果你兒子生病了，怕藥苦不肯吃，於是你欺騙他說，這是糖，甜的，很好吃，這也不道德嗎？」

那人無奈地答道:「這種欺騙也是符合道德的。」

蘇格拉底並沒有就此放過他,又問道:「不騙人是道德的,騙人也可以說是道德的,可見道德不能用騙不騙人來說明,那究竟要用什麼來說明它呢?」

那人想了想回答道:「不知道道德就不能做到道德,知道了道德才能做到道德。」

古希臘的哲學在蘇格拉底之前仍然停留在用主觀意識決定想法的感性階段,是蘇格拉底改變了這種狀況,把哲學從研究自然轉向研究自我。蘇格拉底關於靈魂的學說,進一步使精神和物質的分化明朗起來,明確地將靈魂看成是與物質有本質不同的精神實體。

蘇格拉底和他的學生柏拉圖(Plato)及柏拉圖的學生亞里斯多德(Aristotle)被併稱為「希臘三賢」,他被後人廣泛認為是西方哲學的奠基者。

蘇格拉底

亞里斯多德的偉大貢獻（西元前 384 年～前 322 年）

在雅典曾經有過那麼一所學校，老師一邊講課，一邊漫步於走廊和花園，同學和老師都習慣在花園中邊漫步邊討論問題，因此被稱為「逍遙派」。這就是亞里斯多德在阿波羅呂克昂神廟附近創辦的呂克昂學院（Lyceum）。

在這個學院的花園中，亞里斯多德經常和學生們一起探討人生的哲學。有一次，一位學生問亞里斯多德：「老師，為什麼喜歡嫉妒的人總是情緒低落且沮喪呢？」亞里斯多德想了想答道：「因為喜歡嫉妒的人不但要承受自己的失敗和挫折，還承擔著別人的成功，所以他總是情緒低落。」

西元前 384 年，亞里斯多德出生於希臘色雷斯（Thrace）。17 歲時，亞里斯多德赴雅典的柏拉圖學院讀書，直到 20 年後柏拉圖去世後才離開。因為亞里斯多德天資聰穎，並且在學習上勤奮刻苦，所以深受老師柏拉圖的重視，柏拉圖稱他是「學院之靈」。亞里斯多德對老師柏拉圖也非常敬重，但是在學術問題上，亞里斯多德從不只崇拜權威，他有自己的思考和見解，他的一句名言就是：「我愛我的老師，但是我更愛真理。」

離開柏拉圖學院後的亞里斯多德，開始四處遊歷。西元前 343 年，亞里斯多德受馬其頓的國王腓力二世（Philip II）聘請，成為皇儲亞歷山大的老師。亞里斯多德運用自己的知識和影響力，為亞歷山大這個未來世界的霸主灌輸了道德、政治、哲學的教育，對亞歷山大的思想形成發揮了重要的作用。

西元前 335 年，腓力二世去世，於是亞里斯多德又回到了雅典，在那裡建立了自己的學校，並創立了自己的學派。這期間，亞里斯多德邊授課邊撰寫了多部關於自然學和物理學方面的自然科學和哲學著作。

亞里斯多德

西元前 322 年，亞里斯多德因為身染重病離開了人世。

亞里斯多德雖然是柏拉圖的學生，但是他最終卻拋棄了老師柏拉圖一生堅持的唯心主義。他認為世界是由各種本身的形式與質料和諧一致的事物所組成，並且還認為知識起源於感覺，這種思想已經包含了一些唯物主義的因素。

對於「因果」的看法，亞里斯多德比柏拉圖更加豐富，他認為「因」有四種：質料因、形式因、動力因和目的因，其在哲學上的最大貢獻就是創立了形式邏輯這一重要分支學科。在研究方法上，亞里斯多德習慣於對過去和同時代的理論持批判態度，提出並探討理論上的盲點，使用演繹法推理，用三段論的形式論證。他認為地球是球形的，是宇宙的中心，地球上的物質是由水、氣、火、土四種元素組成。

在教學方法上，亞里斯多德重視練習與實踐的作用。他主張學生應該在德、智、體、美等方面全面發展，而且處在不同時期有不同的側重點，例如：幼兒期以身體發展（體育）為主；少年期以音樂教育為核心，以德、智、美為主要內容；高年級要學習文法、修辭、詩歌、文學、哲學、倫理學、政治學，以及算術、幾何、天文、音樂等學科。他強調教學的重心，應放在發展學生的智力上，並且特別強調音樂在培養兒童一般修養上的作用。

亞里斯多德是一位百科全書式的科學家，對世界的貢獻很大。他也是一位哲學家，對哲學也作出了偉大的貢獻。

羅德島太陽神巨像之謎（西元前 282 年）

在希臘愛琴海的東部，有一個美麗的島嶼叫羅德島（Rhode Island），島上有三個城邦聯合組成的國家，其首都就是羅德。

羅德島經濟發達，很快成了地中海東部的中心城市，其繁榮的經濟及具有策略價值的位置引來周圍鄰邦的覬覦。西元前 305 年，強大的馬其頓國王安提柯一世（Antigonos I）率領 200 多艘戰艦、170 艘船隻包圍了羅德島。羅德島的人民並沒有屈服，而是奮勇殺敵，堅決保衛自己的國家，迫使馬其頓國王在西元前 304 年與其達成合約，安提柯一世撤除對羅德島的包圍，並且捨棄了大量的軍事裝備。

為了慶祝來之不易的勝利，紀念在戰爭中頑強奮戰的羅德勇士，頌揚羅德人團結一致的精神，羅德人決定用敵人遺棄的青銅兵器修建一座雕像。他們請來了著名的雕刻家卡勒斯做總設計師，經過近 12 年的修建，於西元前 282 年終於打造了一個舉世無雙的太陽神赫利俄斯（Helios）的青銅雕像，這就是太陽神巨像。

這尊高達 33 公尺的巨大神像，高高聳立在羅德島上，守護著羅德島上的居民，同時也向羅德人民的朋友以及敵人表達著羅德人堅強勇敢、保家衛國的決心。傳說，太陽神巨像一個腳指頭都需要兩個人合抱。他兩腿分開站在港口上，船隻從兩腿中間過去，上面舉著火炬，火炬作為燈塔為過往的船隻指明方向。

太陽神像在羅德島矗立了 50 多年，直到西元前 226 年，天災降臨羅德島。一場地震不但摧毀了島上的房屋、城牆等建築，還將太陽神像推倒了。從此太陽神巨像在原址上躺了近千年，直到西元 654 年，阿拉伯人入侵羅德島。據說，這些阿拉伯人用 900 頭駱駝將所有太陽神像的碎片運往敘利亞，後來就下落不明了。

古希臘羅德島

　　羅馬作家普林尼（Gaius Plinius Secundus）在遊記中，這樣記述了太陽神巨像：「它高達 33 公尺，人只有它一根手指那麼高。倒塌下來的大腿可以用來做居住的窯洞，即使巨像已經橫躺下來，一個人用雙臂都摟抱不住它的一根大拇指。」

羅德島太陽神巨像

　　長久以來，對於羅德島的太陽神巨像的模樣眾說紛紜，大多數人認為它是兩腳分開、手持火把，站立於羅德島的入口處，船隻由其胯下經

過。但是根據港口的寬度和巨像的高度，這種說法不合常理。因為巨像想要跨立在港口入口處，必須要高達 250 公尺才能辦到，但是無論是金屬還是石塊來建造這樣高的巨像，都絕對無法承受巨大的張力和冬季的強風，太陽神巨像又怎樣做到呢？而且如果是站立在入口處，那麼太陽神巨像傾倒後會阻礙港口，但是它倒在那裡近千年才運走，這說明沒有阻礙港口，所以估計真實的巨像應該立於港口東面或更內陸的地方。對於巨像到底是站立？坐下？或是駕著馬車？至今仍無人知曉。而被運走的神像到底去了哪裡也仍是一個謎。

雖然羅德島的神像已經不復存在，但是太陽神巨像臺座上雕刻的一首對自由的讚美詩卻流傳了下來：

我們豎起你，赫利俄斯，

直達奧林匹亞山巔。

多利斯山區的羅德人敬仰太陽神，你使小島免遭橫蠻。

世界如此瑰麗，

自由不容塗炭。

希望之光──亞歷山大燈塔（西元前 280 年）

西元前 330 年，亞歷山大大帝攻占埃及以後，在地中海南岸建立了一座以自己名字命名的城市。後來，這座城市成為埃及的首都，一躍成為世界上最繁華的城市之一，也成為最大、最重要的一個國際轉運港。

西元前 280 年秋天的一個夜晚，天非常黑，沒有任何星光。一艘埃及的皇家喜船，從歐洲接來新娘後，緩緩駛入亞歷山大港。可能因為快到家了，船員放鬆了警惕，也可能是天太黑了，船最後觸礁了，船上的所有人都葬身魚腹。

為了不讓悲劇重演，埃及國王托勒密二世（Ptolemy II）下令在最大港口的入口處修建一座導航燈塔。40年過去了，一座雄偉壯觀的燈塔終於矗立在法羅斯島的東端，這就是古代世界七大奇蹟之一的亞歷山大燈塔，這個燈塔的設計者是希臘的建築師索斯特拉特（Sostrate）。

亞歷山大大帝銅像

　　亞歷山大燈塔矗立在距島岸7公尺處的石礁上，整座燈塔高120公尺，加上塔基，整個高度約135公尺。它由白色大理石建造而成，共分為三層：最低的一層為四角柱，高60公尺，裡面有300多個大小不等的房間和洞孔，用來作燃料庫、機房和工作人員的寢室。第二層為八角柱，高30公尺。最高一層為圓柱，上面用8根8公尺高的石柱支撐著圓頂燈樓，燈樓上面矗立著7公尺高的海神波塞頓的青銅雕像。

亞歷山大燈塔遺址

燈塔內部安裝了螺旋狀階梯，正中間有一個相當於現代電梯的人工升降裝置，用來運送火炬燃料和其他物品。晚上，工人們點燃塔頂的火炬，利用反光原理，讓凹面金屬鏡把火炬的火光反射出去，替那些遠航的船隻指明方向，為他們帶去希望；白天則直接反射陽光，指引那些迷失方向的船隻。據說燈光能照射到 60 公里外的海面，當然這個燈塔還具有防衛和偵察敵情的功能。與其他六大奇蹟不同，這個燈塔不帶任何宗教色彩，主要是為了人們實際的生活而建。

後來，埃及新的統治者遷都開羅後，燈塔就不再有人修繕了。在西元 956 年的大地震中，燈塔受到嚴重的損毀。後來又經歷了西元 1303 年及西元 1323 年的兩次大地震，整座燈塔幾乎都被摧毀了。西元 1480 年，埃及國王卡特巴為了抵禦外敵，決定用遺址上的大理石塊改建碉堡。於是亞歷山大燈塔成了除現存的金字塔外，最後一個消失的奇蹟。

亞歷山大燈塔（Pharos）也成了許多語言中「燈塔」一詞的詞源，例如希臘語、保加利亞語、法語、義大利語、葡萄牙語、西班牙語、羅馬尼亞語等。

黑白兩面阿育王（西元前 273 年～前 232 年在位）

阿育王是古代印度歷史中最著名的統治者之一，他也是摩揭陀國（Magadha Kingdom）孔雀王朝的第三位國王，在幼年的時候就接受了皇家軍事訓練。他的勇猛和機智小時候就表現出來了，據說他曾只用一根木棍殺死了一頭獅子。因為他的冷酷無情，18 歲時，被任命為阿丹提省的總督去制止阿丹提省的騷亂。

西元前 273 年，印度孔雀王朝的第二位國王賓頭娑羅（Bindusāra）身染重病，阿育王積極參加奪權大戰，最後取得成功。西元前 269 年，阿

育王正式登基成為孔雀王朝的第三位國王。孔雀王朝是一個君主專制的國家，阿育王在行政、軍事、司法等方面有絕對的權威。

阿育王在位的時期，是古印度史上最輝煌的時期，那時整個恆河流域、印度河流域、印度的中南部、喀什米爾和阿富汗高原都在他的統治之下。當時印度的農業、礦冶業、手工業和商業都很發達，並且與地中海地區、中國等都有貿易往來。

阿育王的前半生可以說是「黑」到了極致。傳說當年為了奪取王位，阿育王謀殺了 99 個自己的兄弟姐妹。西元前 261 年阿育王征服羯陵伽國時，共計有 10 萬人被殺，15 萬人被俘虜。傳說當時阿育王目睹了那場殘酷的屠殺後，深感悔悟，於是停止武力擴張，宣布不再主動發動戰爭。即使迫不得已發動戰爭，也盡量減少傷亡。

阿育王

阿育王的後半生可以說是「白」到了極致。他結束戰爭以後，開始專注禮佛，把佛教定為國教；他捐贈了大量的財產和土地，廣修寺廟，傳說他在世界上修建了大約 84,000 座奉祀佛骨的佛舍利塔；為了消除佛教之間不同派系的爭議，他還邀請了當時著名的高僧目犍連子帝須長老

（Tissa Moggaliputta）召集 1,000 比丘，在華氏城舉行大集結，他驅除了外道，整理了經典，編撰了《論事》（Kathā-vatthu），完善和整理了許多佛經；阿育王還派出佛教使團向周邊的國家和地區傳播佛教，斯里蘭卡、緬甸，甚至敘利亞、埃及等地都有他們的足跡。這一舉動使得佛教開始走出印度，走向世界。

修佛後的阿育王變得很寬容，雖然他是佛教教徒，但是對其他的宗教他也沒有限制，還捐贈財物給其他宗教。於是在印度婆羅門教、耆那教及其傳統文化都得以共存下來。他的這種宗教政策，也成為以後印度君主的慣例。

阿育王獅子柱頭

在治理國家方面，阿育王基本採取遵從佛教的精神，透過和平的方式來實現國家的統一。他提倡正法，包括：

對人要仁愛慈悲，包括孝順父母和善待親戚朋友。

對動物也要尊重牠們的生命，因為牠們也是眾生的一部分。

要多做有助於大眾的好事。

要對其他宗教寬容，和平共處。

第四章　奴隸社會的產生

　　由於阿育王重視宗教，採取寬容和非暴力的治國理念，所以深受印度民眾的喜愛。他統治印度長達41年，西元前232年，他帶著「護法名王」的尊號離開了人世。他死後不久，孔雀王朝便土崩瓦解，但是佛教開始遍布印度各地。

千古一帝秦始皇（西元前259年～前210年）

　　西元前259年，在印度的阿育王開始禮佛後，鄰近的中國誕生了一位曠世奇才——嬴政。他是秦國秦莊襄王的兒子，中國歷史上著名的政治家、策略家、改革家，是他完成了華夏大地的統一，建立了中國歷史上第一個大一統的中央集權的國家——秦朝。

　　西元前247年，秦莊襄王去世，13歲的嬴政被立為秦王，當時呂不韋身為秦國的丞相獨攬大權，國政皆由呂不韋把持。在嬴政21歲時，秦國朝廷發生了一場激烈的政治抗爭。最後，在這場抗爭中呂不韋自殺，嬴政親政並逐漸掌握大權。

秦始皇

　　執政之前，秦國就已經是列國中的強國，掌握政權後的嬴政在此基礎上更進一步，在李斯和尉繚等人的協助下制定了「滅諸侯，成帝業，

為天下一統」的策略，並積極推行這一策略，具體的做法就是：籠絡燕齊，穩住魏楚，消滅韓趙；遠交近攻，將列國逐個擊破。在嬴政的領導下秦國先後消滅了韓、趙、魏、楚、燕、齊六國，最終在西元前221年結束了長達500多年諸侯割據的局面，統一了中國，建立了中國歷史上第一個君主中央集權國家──秦帝國。

秦始皇覺得自己的功勞超過了三皇五帝，於是採用三皇中的「皇」和五帝中的「帝」，構成「皇帝」的稱號。他是中國歷史上第一個使用「皇帝」稱號的君主，所以自稱「始皇帝」。

秦始皇在帝國中央實行「三公九卿制」來管理國家大事。三公就是丞相、御史大夫和太尉，他們是中央政府最高的官僚。在地方上廢除了分封制，開始使用郡縣制。地方郡的長官為守，縣的長官為令。秦國把咸陽定為首都，初分全國為36郡，後來擴大到46郡。

秦始皇統一了貨幣和度量衡，統一了文字，修築馳道和直道。對外北擊匈奴，南征百越，修築萬里長城，修築靈渠，溝通水系。

任何改革都會令有些人的利益受到侵害，秦始皇大推法家思想，在全國範圍內的大力改革引起了激烈的反對。文人們非常厭惡法家的思想，因為法家所提倡的思想違背了他們的道德觀念。面對激烈的反對，秦始皇直接下令「焚書」，只留下一些有實用價值的書。不過那些經典雖然被燒毀了，卻印在了文人的腦海中，秦朝滅亡後，有的又被文人重新書寫出來，有的還是徹底消失了，這是中華文明的重大損失。

到了統治後期，秦始皇開始迷戀長生不老之術，他篤行命數，苛政虐民，這動搖了秦朝統治的根基。秦始皇還喜歡巡遊，他先後五次巡視全國，北到今天的秦皇島，南到江浙、湖北、湖南地區，東到山東沿海。西元前210年，秦始皇最後一次巡遊，南下雲夢（今湖北），西返咸

陽途中在沙丘（今河北邢臺附近）病逝。

　　秦始皇取消了諡法，他認為「子議父，臣議君」是一種僭越，更沒意義。於是宣布廢除諡法，不准當代臣子評價自己，把功過留給後人評定。

秦始皇東巡

　　傳說秦始皇還讓人用「和氏璧」雕刻了傳國玉璽。玉璽方圓四寸，上紐交五龍，正面刻有「受命於天，既壽永昌」八個篆字，作為「皇權天授、正統合法」的信物。後來歷代帝王相傳的印璽就是秦始皇的，到了西元936年，後唐末帝李從珂，因遭外族入侵，他在寢宮放了一把大火，抱著傳國玉璽與嬪妃們一起自焚身亡。此後玉璽不知所終，成為歷史之謎。

　　在秦帝國統一之前，文字已經在列國中逐漸普及，作為官方文字的金文，形制比較一致，但是陶文、帛書、簡書等民間文字，則存在很大的差異。這嚴重妨礙了各地經濟、文化的交流，也讓中央政府的政策、法令無法有效推行。為了改變這一狀況，秦始皇讓李斯等人進行文字的

整理、統一工作。後來李斯等人以秦人通用的大篆為基礎，吸收其他地方文字的優點，創造出了「秦篆」，又稱「小篆」。

秦始皇兵馬俑

西方人喜歡把秦始皇與羅馬帝國的凱撒大帝相提並論，總體說來，雖然羅馬帝國與秦朝統治時期人口、面積差不多，秦朝的統治比羅馬帝國統治的時間短，但是有一點不同，那就是凱撒大帝死後，帝國分崩離析，而秦朝則不然。雖然秦朝僅僅延續了 14 年，但是秦始皇確定的中央集權的封建帝制卻延續了 2,000 多年。他的影響之深廣，是其他任何帝王都無法比擬的。

附錄：第四章參考文獻

[1] 斯塔夫里阿諾斯。全球通史 [M]。北京：北京大學出版社，2006。

[2] 馮友蘭。中國哲學簡史 [M]。武漢：長江文藝出版社，2015。

[3] 愛德華・吉本。羅馬帝國衰亡史 [M]。北京：商務印書館，2018。

[4] 王鯤。孔雀帝國與阿育王 [J]。飛碟探索，2010(6)。

[5] 錢穆。先秦諸子繫年 [M]。北京：商務印書館，2017。

[6] 周淇，盧詩潔。四大文明古國與河流流域關係淺談 [J]。成功，2018(3)。

世界上古史（西元前4000年～476年）

第五章　帝國的戰爭

　　一些統治階級為了自身的利益，開始了一次又一次的戰爭。一個帝國毀滅了，一個新的帝國就會出現。世界在戰爭中不斷蹒跚前行，東西方文化在戰爭中不斷融會。

布匿戰爭（西元前264年～前146年）

　　西元前264年到前146年，古羅馬與古迦太基（Carthage）兩國，為爭奪地中海西部的統治權發動了三次戰爭，最終迦太基城變成廢墟，迦太基滅亡，羅馬贏得了最後的勝利。因為當時羅馬對迦太基的稱呼是Punici（布匿庫斯），所以這場戰爭就被稱為「布匿戰爭」（Punic War）。

　　誕生於義大利半島的羅馬，在西元前3世紀早期，統一了義大利半島，成為地中海上的一大強國，於是便把擴張的矛頭指向了西地中海的迦太基。由腓尼基人移民建成的迦太基，在西元前3世紀時已經發展成

了一個富足強大的海洋國家，控制著大多海洋貿易要道，成為羅馬向海外擴張的勁敵。

西元前 288 年，在瑪爾美提的率領下，一群僱傭兵占領了西西里島東北角的墨西拿（Messina），並宣布脫離敘拉古（Siracusa）而獨立。西元前 264 年，敘拉古希洛二世（Hiero II）即位，他不想國家被分裂，於是圍攻墨西拿準備剷除以瑪索美提為首的僱傭兵。看到大兵壓境，瑪爾美提擔心自己無法抵擋，於是分別向羅馬和迦太基發出了求救訊號。開始時羅馬並沒有理會瑪爾美提，迦太基卻同意了，並派兵增援墨西拿，逼得敘拉古軍隊不得不後退。羅馬當然不能容忍來自南方的威脅，羅馬就和瑪爾美提聯盟，派兵到西西里島，試圖讓敘拉古投靠羅馬。三方聯盟穩定後，羅馬和迦太基開始了爭奪西西里島之戰。

西元前 241 年，迦太基和羅馬在埃加特斯群島進行了一場海戰，擁有 200 艘戰船的羅馬取得了勝利，當時羅馬人擊沉迦太基戰船 50 艘，繳獲戰船 70 艘。兵敗後的迦太基國內爆發了一場僱傭兵起義。內憂外患下的迦太基，不得已簽訂了和約，第一次布匿戰爭結束。此後，羅馬取代迦太基成為地中海中最強大的國家。

第一次布匿戰爭

迦太基不甘心自己的失敗，漢尼拔‧巴卡（Hannibal Barc）開始制定新的策略計畫，他想征服伊比利，建立一支強大的軍隊，讓這支勁旅偷偷翻過阿爾卑斯山，從北面突襲羅馬。但是漢尼拔的策略實施得並不順利，當他剛向伊比利半島發展時，羅馬就警告漢尼拔不可越過埃布羅河。漢尼拔無視警告，繼續進軍，於是羅馬讓迦太基交出漢尼拔，但被拒絕，第二次布匿戰爭就爆發了。

第二次布匿戰爭是三次戰爭中最有名的，從西元前218年打到前202年，歷時16年，最後以迦太基戰敗求和、簽訂苛刻的和約而結束。這次戰爭，迦太基損失了一切海外屬地，並完全解除了武裝，戰艦只剩下10艘，其餘全部被摧毀。在這場權力的角逐中，迦太基完敗，羅馬一躍成為西地中海的新霸主。

經歷兩次慘敗的迦太基，在軍事上再也無力與羅馬抗衡，於是開始大力發展貿易，其物質財富迅速增加，這引來了羅馬的嫉恨。雖然這段時間羅馬一邊忙著征服希臘，一邊還要平息伊比利的內亂，但是羅馬人一直沒有忘記迦太基人差點攻入羅馬城的事情，害怕迦太基再次發展壯大起來，於是決定消滅迦太基。

迦太基遺址

西元前 149 年，羅馬以迦太基破壞和約為藉口，向迦太基宣戰，第三次布匿戰爭開始。西元前 146 年，迦太基發生饑荒，瘟疫橫行，羅馬趁機攻入迦太基，20 萬迦太基人戰死，只有 5 萬人倖存，倖存的迦太基人全部淪為奴隸，迦太基就此毀滅，後來羅馬在這裡建立了阿非利加行省，從此迦太基成為了歷史。

第三次布匿戰爭

在布匿戰爭這一百多年間，羅馬占領了歐、亞、非的廣大地區，掠奪了大量的奴隸和財富，同時還引起了羅馬經濟結構、階級關係和道德風尚等領域的重大變化。在羅馬征服地中海的過程中，布匿戰爭極為重要，羅馬的勝利代表著羅馬已成為新一代的海上霸主。

安息帝國（西元前 247 年～ 224 年）

司馬遷的《史記》中記載的安息國，也叫帕提亞帝國（Parthian）、阿薩息斯王朝（Arsacid），是亞洲西部古典時期的奴隸制帝國。它位於米底以東、裡海東南。西元前 247 年，安息建國，西元前 2 世紀時變得強大起來，不僅占領了伊朗部分地區，還占領了中亞細亞部分地區。

西元前 1 世紀，羅馬向東擴張時，曾與安息發生過激烈的衝突。為

了與羅馬抗衡,安息把首都都遷走了。安息的抵抗阻止了羅馬向東的擴張,不過也削弱了自己的國力,再加上內部抗爭,西元 224 年,安息王朝被新興的波斯薩珊王朝(Sassanid Empire)所代替。

安息帝國雕刻

西元前 2 世紀到前 1 世紀是安息帝國的興盛時期。從西元前 176 年到前 141 年,安息帝國先後占領「裡海門」和附近的拉格斯、埃克巴坦那(Ecbatana)、米底,以及兩河流域的重要城市塞琉西亞(Seleucia)、巴比倫尼亞、馬爾吉安那(Margiana)的安條克城(Antioch)(木鹿),建立了一個東起中亞西南部、西至兩河流域的帝國。

米特里達梯二世(西元前 123 年～前 88 年在位)是安息偉大的政治家,他對軍隊進行了全面改革,建立了安息鐵軍,把安息軍隊由較原始的以重裝步兵為主的民兵,變成了以重裝騎兵為主的軍隊,號稱「鐵騎兵」。西元前 94 年,安息占領亞美尼亞,並擴張到南高加索和小亞細亞一部分,領土達 200 萬平方公里。

安息實行的是君主制,規定王權屬於阿爾薩息家族。王位父子相承,不過沒有定制,也可以傳給兄弟或姪子。國王透過兩個貴族會議(氏族貴族會議和祭司會議)來共同選舉,王權也受兩個貴族會議的約

束，貴族控制著軍事、政治、經濟大權。

安息的城市商業和對外貿易都很繁榮。其商業中心東是木鹿，西有泰西封（Ctesiphon）。西元前2世紀末，安息控制了絲綢之路，財富大增。《史記·大宛列傳》中這樣記載安息：「城邑如大宛，其屬小大數百城，地方數千里，最為大國」「有市，民商賈用車及船，行旁國或數千里」「其人皆深眼，多鬚髯，善市賈，爭分銖」。

安息的貨幣以銀幣為主，此外還輔以各種大小銅幣。安息的錢幣是沒有孔的圓形，正面中央是王像，上面的字是希臘文或缽羅婆文（Pahlavi，Parthava），周邊還有聯珠紋圖案。每逢新王登基或喜慶時，按王像鑄造新幣。

安息帝國錢幣

西元1世紀後期，兩河流域的商人透過買賣、放貸，兼併了許多自由農民的土地，變成了地主階級。土地的集中，使得需要的奴隸減少，於是大地主開始大批釋放奴隸，讓他們變成了貧困的「自由農」、僱工、小佃農。奴隸制逐漸瓦解，封建制的萌芽開始出現。

西元前2世紀，歐亞大陸並存著四個強大國家：漢朝、羅馬、安息和貴霜（Kushan Empire）。當時中國漢朝勢力達到中亞，與安息在政治、經濟和文化方面都有來往。西元前119年，張騫第二次出使西域時，其副使就到達過安息。當時接待的安息王是米特里達梯二世，這位伊朗君

主首次與漢朝建交。安息與羅馬一直是世仇,在這兩個帝國不斷發動戰爭時,貴霜帝國崛起了。2世紀初,由於貴霜的不斷擴張,安息邊界已退縮至馬爾吉安那一帶。

安息各地區的藝術各有特色。其陶器以釉陶為主,特別是綠釉陶器的製作最為盛行;建築以當地原來形式為主,大型建築物則吸取希臘風格,但按安息形式加以改造;建築的材料東部多用土坯,西部則用磚、石;繪畫有大型的神廟壁畫,這是宗教性質的作品,有的城市盛行裝飾壁畫,這可從現存的杜拉歐羅普斯(Dura-Euopos)的壁畫殘片中看出。

安息帝國有多種宗教,其中最有名的是希臘教派和伊朗教派。在安息帝國統治時期,其文學就是口承文學,指詩人在音樂的伴奏下朗誦詩詞,所以現在沒有任何安息語的文學原作存在。

安息帝國商人

馬其頓戰爭(西元前215年～前168年)

第一次布匿戰爭以後,羅馬把侵略的重點放在了巴爾幹半島,並以清剿海盜為藉口,出兵攻占了伊利里亞,羅馬人的侵略威脅到了巴爾幹半島上的軍事強國——馬其頓王國。馬其頓國王腓力五世本來就想擴張自己的領土,只是沒有好的時機。當第二次布匿戰爭爆發後,他覺得時

機已到，於是果斷跟迦太基的漢尼拔結盟，並於西元前215年對羅馬宣戰，這就是著名的「馬其頓戰爭」。

戰爭先後共有三次。第一次戰爭（西元前215年～前205年），馬其頓的腓力五世取得勝利；第二次戰爭（西元前200年～前197年），羅馬獲勝，並一舉消滅了馬其頓的海軍；但羅馬並沒有止步，又發動了第三次戰爭（西元前171年～前168年），馬其頓戰敗後被分割為四個自治共和國。

西元前215年，馬其頓對羅馬宣戰以後，在東部不斷取得勝利，並準備發兵義大利。面對馬其頓的威脅，羅馬決定從其內部進行瓦解，積極利用外交手腕，在馬其頓周圍形成了反腓力五世的希臘同盟，這成功阻擋了腓力五世遠征義大利的腳步。西元前206年，腓力五世與希臘城邦達成了和解，又對羅馬構成了嚴重的威脅，此時的羅馬也被長期的戰爭拖得筋疲力盡，已經沒有精力應對馬其頓大軍了，只能在西元前205年簽定了對其不利的和約。

西元前203年，希臘城邦聯合起來反對腓力五世。西元前201年，馬其頓的戰艦被羅德島和帕加馬（Pergamum）聯合艦隊打敗。此時羅馬已經戰勝迦太基，並想繼續向東拓展自己的領土，於是在西元前200年，羅馬以保護希臘為藉口向馬其頓宣戰，這就是第二次馬其頓戰爭。

馬其頓騎兵

這次羅馬又充分發揮自己的外交能力，先是聯合希臘城邦一起反對馬其頓，然後又說服敘利亞國王，讓其保持中立。西元前197年，馬其頓大軍與羅馬大軍在庫諾斯克法萊（Cynoscephalae）決戰。因為突遇大霧，馬其頓方陣的優勢根本無法發揮出來，最終被羅馬軍團打敗，馬其頓只能向羅馬割地賠款，並從希臘黯然撤出。

馬其頓國王腓力五世去世後，他的兒子珀爾修斯（Perseus）繼承王位。為了完成父親的遺願，珀爾修斯於西元前172年組成了強大的反羅馬同盟，發動了第三次馬其頓戰爭。戰爭剛開始時，羅馬人節節敗退，後來慢慢扭轉了局面。西元前168年，羅馬軍隊撤退到一個山地時，珀爾修斯率領大軍進行追擊，山路崎嶇不平，這讓馬其頓大軍難以維持方陣的優勢。羅馬大軍看到這個大好時機，馬上決定反擊。最後，馬其頓戰敗，主力被消滅，珀爾修斯被處死，馬其頓滅亡。馬其頓被分為四個自治共和國，淪為羅馬的屬地。

馬其頓方陣

後來，羅馬人的血腥統治引起了馬其頓人的強烈反抗。西元前152年，一個自稱是珀爾修斯之子的人自立為王，公開反叛羅馬。其被剿滅後，又陸續有自稱是珀爾修斯之子的人接連舉兵反抗羅馬的統治，西元前146年，所有叛亂都被平息了，馬其頓的四個共和國也在平叛中被兼

併了，變成了羅馬帝國的一個行省。

至此，羅馬完成了對東地中海和西地中海的兼併。到了西元前140年代，除了西班牙，整個地中海地區都處於羅馬勢力的控制下。

貴霜帝國（西元前170年～425年）

西元前170年左右，大月氏與匈奴大戰，不幸戰敗，為了生存，大月氏只能向西遷到中亞阿姆河流域。西元前125年，大月氏征服了巴克特利亞（Bactrian，由古希臘人在中亞建立的國家），把整個阿姆河、錫爾河流域納入版圖。不過，大月氏部族開始一分為五，設五部翕侯統治，貴霜是其中一部。西元1世紀中期，貴霜部翕侯丘就卻（Kujurakara）統一五部，建立了貴霜帝國。

西元60年代，貴霜帝國已統治了索格底亞那（Sogdiana）、巴克特里亞、喀布林、呾叉始羅（塔克西拉）、犍陀羅（Gandhāra）、罽賓等地。後來還向西擴展至赫拉特（Herat，Harat），控制了整個河間地區，並羈縻了康居和大宛。

據《後漢書》記載，漢朝軍隊在攻打車師的時候，曾經得到過貴霜國的幫助。西元87年，貴霜王向漢朝提出請求，想娶漢朝的公主，但被班超拒絕，並把使節打發回去了。這讓貴霜王很生氣，於是集結7萬大軍向西域出發，想要直接把西域吞併。當時漢朝在西域的駐兵不多，不過班超依靠自己巧妙的安排最後打敗貴霜大軍，迫使貴霜王納禮求和。以後貴霜不敢再侵犯漢朝，一直與漢朝保持著較好的關係。

2世紀初閻膏珍（Vima Kadphises）即位，他征服印度西北部後，又將勢力範圍擴展到花剌子模，吞併了錫斯坦（Sistan），貴霜成為中亞的一個龐大帝國。西元183年～199年，胡毗色伽二世（Huviskal II）在位期間

貴霜帝國開始衰敗，康居、大宛擺脫羈縻，呼羅珊（Khurasan）、花剌子模也擺脫了貴霜的控制。

貴霜帝國錢幣

西元233年，薩珊王阿爾達希爾一世（Ardashir I）先後攻入錫斯坦、花剌子模，接著又攻入索格底亞那、巴克特里亞、喀布林、呾叉始羅，這對已經衰敗的貴霜來說簡直是雪上加霜。西元3世紀，貴霜帝國分裂成了若干個小國家。

西元4世紀，東印度的笈多帝國興起，統一了北印度，並將貴霜帝國殘存的勢力收入囊中。北方的嚈噠（Hephthalite/Ephthalite）也對大月氏貴霜殘部進行攻擊，貴霜從此一蹶不振。一般認為在西元425年，大月氏在大夏境內的殘餘小國為嚈噠所滅。

貴霜帝國的貿易非常發達。當時絲綢之路跨越貴霜國內，一些貴霜商人把東方的絲綢、香料和各種奢侈品運到印度和羅馬，再把羅馬的武器，中亞的葡萄、蠶豆、石榴、番紅花和核桃等運到東方。貴霜國內因為既有農耕地區，又有游牧地區，所以各區之間的貿易也很活躍。貴霜商人將農耕地區產的穀物、水果、手工藝品和武器等運往游牧地區，又將游牧地區盛產的毛皮、牲畜、紡織原料、肉類和乳品等帶回農耕地區。

貴霜是當時貿易的中轉站，手工業很發達，主要有製陶、金屬加工、紡織和珠寶加工。錢幣的鑄造方法和風格既有希臘人的遺風，又有印度和中亞的特色。

因為貴霜帝國的國君信奉佛教，所以佛教在其國內迅速傳播。兩漢三國時期，中國的外國僧人多半都是來自貴霜。相傳東漢時期（西元67年），印度的高僧迦葉摩騰和竺法蘭恰好也在大月氏，並受漢使的邀請，一起到洛陽傳授佛法。當時他們居住在白馬寺，在那裡編譯出了《四十二章經》，這是最早的漢譯佛經。南北朝時期，佛教在中國盛行起來，人們開始建造佛教石窟，敦煌、雲崗和龍門石窟就是那時修建的。

石質宴飲調色盤

貴霜帝國的建立，為東西方之間的經濟往來和文化交流創造了有利條件。

絲綢之路的開創 —— 張騫出使西域
（西元前138年～前114年）

秦朝末年，天下大亂，劉邦起義推翻了秦朝統治後被封為漢王。西元前202年，劉邦在楚漢之爭中獲得勝利，定都長安，開始了中國歷史上的西漢時期。西漢初期，東西方連線的通道被匈奴阻斷。一個偶然的

機會，漢武帝從一個匈奴俘虜口中聽說西域有個大月氏，他們的王族被匈奴單于殺死了，漢武帝就想聯合大月氏東西夾擊匈奴，打通東西方的通道。

西元前138年，張騫應詔由匈奴人堂邑父做嚮導，率領100多人的隊伍，從隴西（今甘肅一帶）出發，開始出使西域。一路上張騫非常小心，隨時提防匈奴的襲擊，不幸的是他們一行人剛出甘肅臨洮就遇到了匈奴馬隊。除張騫和堂邑父被俘外，其他人全部被殺。

匈奴單于已經知曉了張騫西行的目的，他讓張騫和堂邑父分開去放羊、牧馬，並且有匈奴人嚴格監視。他還逼迫張騫娶了匈奴女子，方便監視和誘惑張騫投降。但是張騫一直隱忍，打算尋找合適的時機逃跑，以完成自己肩負的使命。

張騫出使西域

10年過去了，張騫終於得到一個機會。他在一個月黑風高之夜，帶上匈奴妻子和嚮導堂邑父，趁匈奴不備逃跑了，繼續出使西域。由於他們逃跑得太過倉促，根本就沒有準備乾糧和水，一路上忍飢挨餓，只得射獵飛禽走獸，食肉充飢，飲血止渴。他們沿天山南麓，經過焉耆、龜茲、疏勒，越過沙漠戈壁，翻過冰凍雪封的蔥嶺（今帕米爾高原），來到了大宛國（今費爾干納盆地Fergana Valley）。

大宛國是中亞的一個富裕之邦，人口數十萬，有 70 多個城鎮，盛產「天馬」。大宛王有通漢的想法，於是派人護送張騫去大月氏國。只是，時過境遷，如今的大月氏在大夏建立了新的王朝，改稱「小月氏」，主要從事農耕，國富民強，已經不想再找匈奴報仇了。

張騫在大夏等地逗留了一年多，仔細考察了西域諸國的山川地理、民風民俗。透過觀察發現，大夏國都藍氏城那裡，人們大多從商，並且兵弱怯戰，這些張騫都仔細地記在心上。掌握大量關於西域的第一手資料，為日後漢武帝擊敗匈奴，取得河西走廊，最終打通西漢與西域之間的通道，發揮了重要作用。

張騫出使大夏國

在歸途中，為避開匈奴的控制地區，張騫特意改道向南。他們翻過蔥嶺，沿崑崙山北麓而行，經莎車（今新疆莎車）、于闐（今新疆和田）、鄯善（今新疆若羌）等地，進入羌人居住地區。不過非常不幸，張騫又被匈奴的騎兵俘獲。直到一年多後——西元前 126 年，匈奴內亂，張騫他們才找到機會逃回漢朝。張騫的歸來讓漢武帝非常高興，他仔細聽了張騫的彙報，並封張騫為博望侯。

張騫雕像

　　西元前 119 年，張騫再次出使西域，這次攜帶了大量金幣絲帛等財物，牛羊萬頭。這次出使的目的有兩個，一是為了讓與匈奴有衝突的烏孫回到原來的地方，對匈奴造成威脅；二是宣示漢朝國威，勸說西域諸國與漢聯合，最好能成為漢王朝的外臣。不過張騫到達烏孫時，正值他們內亂，第一個目的沒能達到。在張騫展開行動時，他的副使也在積極行動，訪問了中亞的大宛、康居、大月氏、大夏等國，擴大了西漢王朝的影響力，增加了各國間的相互了解。西元前 115 年，張騫回漢。

　　西元前 114 年，張騫在長安病逝，司馬遷以「張騫鑿空」四字概括了他出使西域的貢獻和傳奇的一生。

　　張騫兩次出使西域，促進了中西方經濟文化交流。從那以後，漢朝和西域各國開始交往起來，大大促進了雙方的貿易，形成了「商胡販客，日款於塞下」的盛況。張騫出使西域後 15 年，漢朝軍隊在西域大敗匈奴，疏通了西域交通線。大約西元前 105 年，漢朝派出了一個絲綢商隊到達安息，實現了中國與西域間的物產大交流，這就是著名的「絲綢之路」。

凱撒大帝（西元前 102 年～前 44 年）

西元前 102 年，凱撒在羅馬出生了。他出生於一個貴族世家，其父擔任過財政官、大法官、小亞細亞的總督等職務，其母來自奧萊利·科塔家族。凱撒從小就被送進專門培養貴族子弟的學校。他天賦異稟，且酷愛古希臘文化，喜歡體育運動。

凱撒從西元前 78 年開始從事政治活動，先被選為軍事護民官，後來又任度支官、市政官、大法官、羅馬遠征西班牙行省總督等職務。為了能成功當選羅馬共和國的執政官，凱撒開始拉攏龐貝和克拉蘇。此時，龐貝在爭取安置他的退休老兵的土地上遭到失敗，克拉蘇也在為獲得對抗帕提亞所需的軍隊犯難，而凱撒正好需要龐貝的聲望和克拉蘇的金錢。於是龐貝、克拉蘇、凱撒這三位有著巨大影響的政治家達成了相互支持的祕密協議，歷史上稱之為「前三頭同盟」。

凱撒大帝雕像

為了讓這個政治同盟更加穩固，凱撒還把自己年僅 14 歲的女兒嫁給了已近 50 歲的龐貝。在龐貝和克拉蘇的合力支持下，西元前 59 年凱撒當選為執政官。又經過一系列的政治活動，凱撒獲得了廣大人民和騎士階層的支持，其名望逐漸上升，最後與龐貝、克拉蘇不相上下。

完成執政官的任期後，凱撒出任高盧總督。西元前 58 年，凱撒發動了高盧戰爭。在 9 年的時間裡，凱撒奪取了整個高盧地區，成為第一個跨過萊茵河進攻日耳曼人的羅馬人。

隨著凱撒勢力的增強，再加上克拉蘇已戰敗身亡，三巨頭的政治平衡被打破，變成了兩巨頭的對立局面。這時凱撒女兒因難產去世了，凱撒與龐貝最後的聯姻關係也中斷了，兩人的權力之爭已在所難免。

西元前 50 年，以龐貝為首的貴族元老院擔心凱撒建立獨裁統治，為了阻止凱撒，他們否決了凱撒提出的繼續擔任高盧總督的請求，並讓他馬上遣散軍隊，馬上撤回羅馬。凱撒沒有執行這一決定，帶領軍隊分駐在北山高盧。經過周密的策劃，凱撒帶領軍團渡過盧比孔河，開啟了羅馬內戰。龐貝和元老院共和派議員匆匆逃離了羅馬，躲到希臘。後來龐貝又逃到埃及，被埃及國王派人殺死。西元前 44 年，凱撒宣布成為終身獨裁官。

不過很遺憾，凱撒還沒來得及享受多少獨裁官的權力，在元老院，就被以蓋烏斯·卡西烏斯（Gaius Cassius Longinus）和馬庫斯·布魯圖斯（Marcus Junius Brutus Caepio）等人為首的反對派團團圍住並攻擊，最後身中 23 刀而亡。凱撒死時 58 歲，死後被按照法令列入眾神行列，被尊為「神聖的尤利烏斯」。

凱撒遇刺

凱撒在當政期間，以秋風掃落葉之勢破壞了當時盛行的舊的貴族共和體制，使羅馬過渡到君主獨裁制。他獨攬軍政大權，逐步廢除了以往舊羅馬城邦的種種特權，把公民權陸續下放給羅馬的各個行省，鞏固了羅馬帝國的統治，為他的子嗣屋大維奠定了基礎，使得屋大維能徹底把奴隸制的羅馬共和國改建成帝國。

此外，他還讓更多的人獲得了羅馬公民權。對於退役的老兵，他專門建立了殖民地讓他們居住。他改訂曆法，推行「儒略曆」。他重視騎兵的作用，強調步騎兵共同作戰；在兵力部署上建立了預備隊，增大了戰鬥隊形的縱深和穩定性。

凱撒征戰一生，每次都善於抓住戰機，哪怕處於不利的時候，也能以頑強的意志，堅持自己的策略意圖，從而扭轉戰局。他以不同凡響的高超軍事藝術，在羅馬乃至世界歷史上都留下了赫赫英名。

西羅馬帝國的滅亡（西元前 27 年～ 476 年）

隨著羅馬共和國的不斷擴張，羅馬已經從一個城邦成為一個環地中海的多民族、多宗教、多語言、多文化大國。西元前 27 年，元老院授予蓋維斯·屋大維「奧古斯都」（即神聖和至尊者的意思）的尊號，羅馬共和國由此進入帝國時代。

帝國前期經過五賢帝時代，羅馬達到全盛時期。西元 98 年～ 117 年，皇帝圖拉真（Trajan, Marcus Ulpius Nerva Traianus）在位時，羅馬帝國達到輝煌的頂點，經濟極其繁榮。全盛時期國土面積約為 500 萬平方公里，是世界古代史上國土面積最大的君主制國家之一。

西元 235 年～ 284 年，由於皇帝亞歷山大·塞維魯（Alexander Severus）被暗殺，羅馬陷入長達 50 年的內戰，這段時期被稱為「三世紀危

機」。這時驍勇善戰的薩珊王朝取代了安息帝國，成為羅馬東部最大的隱患。後來又經過了四帝共治制時期，最終在西元 395 年，羅馬帝國被一分為二，實行永久的分治，羅馬帝國從此分裂成東西兩個部分。

西元 423 年西羅馬帝國的皇帝霍諾留（Flavius Honorius Augustus）逝世，他努力維持的疆域也隨之分崩離析。霍諾留逝世後，西羅馬帝國已經無力維持軍隊的規模。因為西羅馬帝國的資源有限，缺少足夠的武裝力量，只能招募蠻族的部隊來保護自己的國土，但政府又沒錢付給他們薪水，於是蠻族就開始侵占西羅馬的領土。

隨著中央權力的衰弱，帝國逐漸喪失對邊疆的控制，西羅馬帝國只能加強控制沿海的地區。不過在西羅馬帝國試圖維護領海權時，汪達爾人（Vandals）卻征服了北非地區，占領迦太基，並於西元 439 年建立獨立的國家，還控制了地中海西部絕大多數的島嶼及海岸。這讓西羅馬帝國深陷蠻族的包圍，變成了一座孤島，最終經濟崩潰。

西元 476 年，羅馬僱傭兵領袖日耳曼人奧多亞克（Odovacar）廢黜西羅馬最後一個皇帝，西羅馬遂告滅亡。

西羅馬滅亡

西羅馬帝國的滅亡，終結了西歐、北非等地的奴隸社會，後來由外族瓜分的西羅馬帝國，也成為今天一些歐洲國家的前身，之後歐洲不再有統一的的政權。

因為羅馬帝國的重大影響，所以一般把西元476年西羅馬帝國的滅亡，視為古代歐洲的結束，歐洲自此進入了中古時代。

龐貝的末日（西元79年）

在義大利南部的那不勒斯附近，有一座世界聞名的古城──龐貝古城（Pompeii）。龐貝古城位於維蘇威火山南麓，距離羅馬約240公里。西元79年維蘇威火山大爆發，龐貝被火山灰掩埋，從此消失在人類的視野中。直到1748年，人們才在偶然間接觸到這座已經沉睡1,000多年的神祕古城。

早在西元前8世紀，一個叫做龐貝的小漁村，開始逐漸發展起來。這個小漁村先後經歷了希臘人和薩莫奈人（Samnite）的統治，直到西元前89年羅馬人占領了這裡。龐貝在羅馬帝國統治下休養生息，平穩發展了近160年，迅速成為帝國內繁榮程度僅次於羅馬的第二大城市。

考古發現，龐貝古城呈長方形，四周由石頭砌成的城牆環繞，並設有7個城門，14座塔樓，城內的街道縱橫交錯，全城被分為9個區，呈「井」字形。每個區之間街巷交織，大街上鋪著10公尺寬的石板，石板路面上還殘留著千年之前車輛碾出的車轍。城中最寬闊的大街兩旁是人行道，兩邊分布著酒館、商店和住宅。

大街直接通向城中心長方形的廣場，廣場三面都是圍牆，四周建有許多宏偉的建築，如朱庇特神廟、阿波羅神廟、大會堂、浴場、商場等，還有劇場、體育館、競技場等。

龐貝古城

廣場的東南邊是一座大會堂,那是龐貝最高的建築,裡面設有法院和市政廳。此外還有一座兩層樓的商業大廈,在這裡可以自由交換當地的葡萄酒、玻璃製品、東方香料和中國的絲綢等商品。

廣場的東北方是商場,有人在牆上寫著「賺錢即快樂」。在一間酒吧裡,出售各種飲料。一間小酒吧的牆壁上,還殘存著價格表及客人的欠款數目。一間麵包房的烤爐上,殘留著一塊烤熟的麵包,上面還蓋著麵包商的印鑑。

龐貝古城的東南角,有兩座露天的劇場,用來演出戲劇和音樂。還有一座可以容納兩萬人的競技場,人們可以在這裡觀看人與人、人與獸之間的角鬥,也可以在這裡舉行體育運動,競技場的牆壁上刻著許多狩獵、競技的畫面,還殘留著角鬥士(gladiator)明星的名字。

人們還在龐貝古城中發現了比較先進的浴場,裡面配備了更衣室、微溫浴室、游泳池等。浴室長廊兩側是成列的圓柱,室內牆上布滿了非常精細的雕刻,地板是雙層設計的,蒸汽在下層流動,這樣可以保持浴場內的溫度。

龐貝古城遺址

這繁華的一切，都在西元 79 年 8 月 24 日（也有說是 10 月 24 日）終結了。那一天維蘇威火山爆發，積蓄千年的能量，從下午 1 點一直噴湧到第二天早上 7 點才停止。在這 18 個小時內，龐貝古城在經歷了 4 次熔岩流和 3 次灰塵暴襲擊後，被徹底淹沒。

火山爆發時，岩漿噴射幾公里高，蒸汽雲升到了萬米高空遮住了陽光，天空變得一片漆黑，火山灰、浮石、碎岩一同砸向地面，熾熱的硫磺氣體簡直讓人窒息。大約 4 個小時後，屋頂再也承受不住火山灰的重量，房屋紛紛倒塌。滾燙的岩漿以 60 公里/小時的速度噴湧而來，火光四起。25 日凌晨，整座龐貝古城被火山灰直接埋掉，厚度甚至超過了 20 公尺。

這場巨大的災難直接奪去了 2,000 多人的生命，也將人類文明的結晶深埋地下。

薩珊王朝（西元 224 年～651 年）

當西方羅馬帝國的奴隸制出現「三世紀危機」時，安息的統治者阿爾達班五世也戰死了，這時阿爾達希爾一世趁機入侵了安息帝國的西部，並於西元 224 年在泰西封加冕為波斯的唯一統治者，開始了薩珊王朝的統治。

接下來的數年，阿爾達希爾一世繼續擴張他的勢力範圍，先後征服了錫斯坦、高爾甘、呼羅珊、馬爾吉亞納（Margiana，今土庫曼境內）、巴爾赫和克蘭斯米亞，占領了巴林和摩蘇爾。後來阿爾達希爾一世的兒子沙普爾一世（Shapur I）繼續對外擴張，降服了貴霜帝國、圖蘭（Turan）及莫克蘭（Makran），他還多次出兵攻打羅馬。西元298年，在與羅馬的戰爭中失敗後，薩珊被迫與羅馬簽訂和約：薩珊割讓兩河流域北部5省給羅馬；承認底格里斯河為兩國邊界；割讓米底部分地區給亞美尼亞；羅馬對伊比利擁有宗主權；尼比西斯為兩國唯一通商城市。這個條約使兩國間維持了40年的和平。

阿爾達希爾一世登基儀式

除了在西元421年到422年及440年與羅馬發生過衝突外，從西元379年到531年這段時期裡，薩珊王朝與羅馬相處基本和平。在霍爾密茲德四世（西元579年～590年在位）期間，薩珊王朝與拜占庭帝國（東羅馬帝國）之間的戰爭很激烈，不過因為巴哈拉姆‧楚賓的叛亂，霍爾密茲德政權被推翻，繼位者庫思老二世（Khosrau II）逃亡到拜占庭帝國，並以割讓土地的方式，尋求拜占庭帝國幫助。西元602年，拜占庭帝國也發生內亂，庫思老二世對拜占庭帝國展開反擊。西元621年，整個埃及

落入薩珊王朝手中，此時薩珊王朝的領土約為560萬平方公里，人口約為1,970萬，達到極盛狀態。

但是庫思老二世的連年征戰也耗盡了薩珊王朝的國庫和軍力。為了充實國庫，庫思老二世向人民徵收重稅，這引起了各地人民的不滿，拜占庭帝國皇帝希拉克略（Heraclius）乘機調動軍隊進行反擊，導致薩珊王朝開始衰落。西元651年，伊嗣埃三世（Yazdegerd III）被殺，薩珊王朝終結。

薩珊帝國是一個中央集權的帝國，其國教是瑣羅亞斯德教（即祆教），全體人民分為教士、軍人、文人和平民四等。皇帝之下設有一個權力機構，負責管理政府的各種事務。該機構的首長稱為副監，祆教祭司在這個機構裡的權力非常大。

魏晉南北朝時期（西元220年～581年），中國和波斯的來往比較頻繁，據《魏書》記載，波斯使臣往來中國達數十次，還帶來了各種禮品給北魏皇帝。波斯與印度也往來頻繁，波斯的象棋就是從印度引進的。

薩珊王朝時期鑄造的錢幣又寬又薄，一般正面是皇帝的半身像，背面是一個火祭壇，祭壇邊上還有兩位牧師。薩珊王朝時期的波斯藝術融合了古代東方和西方的風格，非常獨特。其生產的絲織品非常絢爛多彩，上面繪著鳥獸、狩獵和各種植物紋樣，對拜占庭、埃及和中國都有相當影響。薩珊王朝流行拱頂結構的房屋，半球形的穹頂以內角拱或突角拱作為支撐蓋在方形的房屋上。

世界上古史（西元前 4000 年～476 年）

薩珊王朝建築遺址

　　薩珊王朝時期的文化成就非常高，在很多方面都達到了古代波斯文明的頂峰。其文化既保持了兩河流域和古代波斯的文化傳統，又融合了羅馬、拜占庭文化。創造這一卓越文化的不僅有波斯人，還有西亞和中亞的各族人民。

附錄：第五章參考文獻

[1] 勒內·格魯塞（René Grousset）。東方的文明 [M]。常任俠，袁音譯。北京：商務印書館，2017。

[2] 斯塔夫里阿諾斯。全球通史 [M]。北京：北京大學出版社，2006。

[3] 保羅·布特爾（Paul Butel）。大西洋史 [M]。上海：東方出版中心，2011。

[4] 愛德華·吉朋（Edward Gibbon）。羅馬帝國衰亡史 [M]。北京：商務印書館，2018。

[5] 斯圖亞特·戈登（Stewart Gordon）。極簡亞洲千年史 [M]。長沙：湖南文藝出版社，2017。

[6] 約翰·赫斯特（John Hirst）。你一定愛讀的極簡歐洲史 [M]。桂林：廣西師範大學出版社，2018。

[7] 黃仁宇。中國大歷史 [M]。北京：生活·讀書·新知三聯書店，2014。

世界上古史（西元前 4000 年～476 年）

世界中古史
（西元476年～1640年）

世界中古史（西元 476 年～1640 年）

第六章　中世紀的開端

西羅馬帝國的滅亡，代表著上古時代的終結、古典文明的毀滅以及中世紀歷史的開始。日耳曼人開始進入歐洲腹地，開始了他們的統治，自此，歐洲進入了中世紀的千年文明發展歷程。

匈奴王阿提拉（西元 406 年～453 年）

阿提拉（Attila）家族所在的部落，主要定居在現在的匈牙利和羅馬尼亞一帶，是當時最強大的胡人部落。阿提拉的祖父交好西羅馬帝國，而與東羅馬帝國長期交惡。西元 418 年，12 歲的阿提拉作為人質被交換到羅馬王庭。在這裡他接受了良好的羅馬教育，了解了很多羅馬人的傳統習俗。在羅馬人眼中，阿提拉是向匈奴傳播羅馬文化的使者。而在匈奴人眼中，阿提拉則是刺探羅馬內部情報的間諜。

阿提拉在西羅馬時，專注研究羅馬的內部結構和外交政策，偷偷觀

察外交官們舉行的會議,這對他後來統治匈奴、征服羅馬有很大的幫助。透過對羅馬史的學習,他了解了國家和民族分裂的壞處。

阿提拉金幣

西元434年,統一匈奴的魯嘉死了,他的兩個姪子阿提拉和布萊達(Breda)用暴力方式奪取了王位,並殺死了所有對此持有異議的國民,其中也包括他們自己的伯父、叔父和堂兄弟。西元443年,阿提拉無情地殺害了他的兄長布萊達,成為匈奴帝國的皇帝。之後,阿提拉帶領匈奴人迅速地擴張自己的勢力。

西元440年,阿提拉指責拜占庭沒有履行和約,以此發動戰爭。阿提拉帶領匈奴人橫渡多瑙河,衝過伊利里亞地區(今巴爾幹半島西部地區)和色雷斯地區,一直打到馬古斯,接著匈奴鐵騎又踏平了馬古斯、費米拉孔、辛吉度努姆(Singidunum,今貝爾格萊德)及塞爾曼等城市。

西元443年,阿提拉又沿多瑙河兩岸發動了大規模的戰爭,一舉拿下許多軍事重鎮,並圍攻了納伊蘇斯(Naissus,今塞爾維亞城市尼什)。在這兩場戰役中,匈奴人首次使用了攻城槌及攻城車等重型裝備。之後阿提拉橫掃巴爾幹半島,一直打到拜占庭的首都君士坦丁堡。因為沒有合適的攻城工具,所以只能採取圍困的方式。

阿提拉與奧利教宗會面

　　最後，拜占庭皇帝狄奧多西二世被迫投降，簽訂了非常苛刻的和約：拜占庭賠償6,000羅馬磅（約1,963公斤）黃金，作為對之前毀約的懲罰，以後每年的納貢要增加3倍，每個被俘虜的羅馬人的贖金也增加到12個金幣。這個不平等和約為拜占庭帝國帶來了沉重的負擔。

　　西元453年，阿提拉逝世。阿提拉死後，匈奴帝國四分五裂，最後被格庇德的國王艾達里克王所滅。至此匈奴帝國瓦解，淡出歐洲的歷史。

　　阿提拉的名字是殘暴和野蠻的象徵，但現實中，阿提拉並不像傳說中的那麼恐怖。據歷史記載，他生活得很規律，沒有太多不良嗜好。他殘酷對敵，卻慷慨待民。他有野心，有抱負，慣用政治手腕，四處攻城略地。冷酷殘暴的他又忠於朋友、忠於人民。

　　戰馬與弓箭是阿提拉的克敵利器，他的軍隊是歷史上最強大的軍隊之一，羅馬帝國和整個歐洲都險些被這支軍隊征服。「上帝之鞭」阿提拉，史學家再也找不出更好的詞彙來形容他了。多變的性格、驚險的生平、神祕的死亡，他就是一個傳奇。

消失的馬雅文明（4世紀～9世紀）

馬雅文明得名於古老而充滿智慧的印第安馬雅人，它是年唯一誕生於熱帶叢林而不是大河流域的古代文明。聰明的馬雅人是在與亞、非、歐都隔絕的條件下，獨立創造出來的偉大文明。

人們把馬雅文明劃分為前古典時期、古典時期和後古典時期三個階段。由於馬雅文明不是在一個地區連續發展下來的，有的史學家又把它分為南部馬雅時期和北部馬雅時期。南部馬雅人居住在今天的瓜地馬拉、恰帕斯（Chiapas）和宏都拉斯一帶，從西元前1500年到9世紀創造了前古典和古典文明。從9世紀到15世紀中葉為北部馬雅文明時期，又稱為後古典時期。北部馬雅文化的傳承者阿茲特克帝國（Aztecs）最後被西班牙帝國消滅。

因為西班牙帝國的侵略，導致最後一批懂馬雅文字的人離開人世，至此，馬雅文化變成謎一樣的存在。人們無從得知馬雅文明是怎麼奇蹟般地崛起的，也不明白馬雅人為什麼會在9世紀時放棄了高度發達的文明，大舉遷移。

4世紀到9世紀，馬雅人進入了早期奴隸制社會，創造出了典型的馬雅文明，這是馬雅歷史中的古典時期。我們通常說的馬雅文化，主要就是指古典時期的馬雅人所發展的文化，因為馬雅文化的主要成果是在這個時期發展起來的。

儘管當時馬雅人在經濟、文化上已發展到比較高的水準，但是還是屬於石器時代。馬雅人沒有發明和使用青銅器，也不會使用銅鐵、輪子；他們主要以玉米為食，沒有豬羊牛馬，沒有畜牧業的痕跡，他們採用極其原始的耕作方法；他們採用二十進位制，發現並且使用了「零」的概念，掌握了高度的數學和天文曆法；他們的馬雅文字是象形文字，比

現在的文字更加複雜,而且是三維的,不僅有上下左右之分,還有遠近之分。

「地球並非人類所有,人類卻屬於地球所有。」根據馬雅預言,我們的地球已經處在「第五太陽紀」。迄今為止,地球已經過4個太陽紀,並且每一紀結束時,都伴隨毀滅的發生。馬雅預言宣告在「第五太陽紀」結束時,地球將走向新紀元,根據馬雅預言「第五太陽紀」結束的日期是西元2012年12月21日,不過這已經成為過去,人類依然倖存。

馬雅文化遺址

馬雅人篤信宗教,他們崇拜太陽神、雨神、五穀神、死神、戰神、風神、玉米神等,其中太陽神的地位最高。此外,他們還相信靈魂不滅。

馬雅人使用的象形文字有800多個,現在只翻譯出了四分之一。這些文字主要用來標示一週各天和月分的名稱,也可以用來表示顏色、方位、神祇的名稱。記錄這些文字的紙張是用植物纖維浸泡石灰水後晒乾而成,所以大多紙張上會留下一層石灰。

馬雅圖騰

　　馬雅的曆法相對繁多，有以 260 日為週期的卓金曆，也有以 6 個月為週期的太陰曆，還有以 29 日及 30 日為週期的太陰月曆，以及以 365 日為週期的太陽曆。現代天文觀測一年是 365.2422 天，而馬雅人已測出一年是 365.2420 天，與現代只相差 0.0002 天（大約 18 秒）。馬雅人測算的金星年為 584 天，與現代測算 50 年內誤差僅 7 秒。幾千年前的馬雅人，是怎麼做到這樣精確的？特殊的宗教紀年法「卓金年」從何而來？這些都讓現代人無法理解。

　　西元 1839 年，探險家約翰·史蒂芬斯（John Lloyd Stephens）發現了古馬雅人遺跡。這座遺跡中不僅有金字塔和宮殿，同時還存放有用象形文字刻成的高精度曆法。馬雅人的文明足跡北起墨西哥的猶加敦半島，南至瓜地馬拉、宏都拉斯，直達安地斯山脈。8 世紀，墨西哥南部和中美洲的部分地區由 1,000 萬馬雅人統治著。這些馬雅人散居在幾十座城市裡，大約有 9 萬人居住在瓜地馬拉蒂卡爾（Tikal）。

　　在一個洞穴裡，人們發現了一堆人骨，他們被人砍了頭，是活人祭祀的受害者。他們的死亡年代可以追溯到 8 世紀至 10 世紀，他們的死說明那時的馬雅社會可能陷入了一種極端的狀態。在一塊馬雅國王的石

碑上，考古學家看到只刻了一個象形文字符號，其餘的部分全是空白，應該是一個未完成的作品。為什麼國王或者王后會允許這樣的事情發生呢？這也暗示著當時的社會可能承受著巨大的壓力。

發現的最後一座石碑建於西元820年，可能沒過多久這座城市就被遺棄了。到了西元910年，這個地方的所有建設活動全部停止，城市被完全放棄。什麼原因造成了這樣的狀況？內亂？瘟疫？外來入侵？還是別的原因？

可能有很多的原因共同導致了馬雅古典文明的消失，不過有一種假說獲得了越來越多的支持，那就是「天氣是導致馬雅古典文明崩潰的關鍵因素」。

馬雅地處熱帶地區，這一區域有一條天氣變化帶，它是熱空氣在大氣層中上升形成的。溫暖潮溼的熱空氣上升，溫度下降後產生雲，雲氣為熱帶地區帶來了充足的降雨。但是這裡的氣候是季節性沙漠氣候，一年中地球表面最熱的地區會發生變化，引起天氣帶位置出現偏移，進而導致降水量的變化。這意味著，可能會出現一年都不會下一滴雨的情況，這樣不穩定的氣候讓馬雅人在漫長的乾旱季節中遇到挑戰。

馬雅曆法

在蒂卡爾，馬雅人修建了複雜的蓄水系統，他們透過蓄水設施可以全年儲存雨水，並且採用液壓技術來控制水流動的方向，想讓水流向哪裡，水就會流向哪裡。雖然蓄水坑可能幫助這些城市捱過漫長的乾旱季節，但如果雨季也沒有下雨，那會發生什麼情況呢？

馬雅雕刻

2018 年 8 月 5 日，英美研究人員對馬雅文明核心地帶的一個湖泊的沉積物進行了分析，發現在馬雅古典文明衰落階段，年降水量減少了一半左右。這個發現為可能是乾旱導致馬雅古典文明衰落的理論提供了新證據。

《查士丁尼法典》（西元 534 年）

查士丁一世（Flavius Iustinus Augustus）是個大字不識的農民，不過他依靠軍隊登上了羅馬君主的寶座。查士丁一世對自幼跟隨自己的姪兒查士丁尼（Flavius Petrus Sabbatius Iustinianus，西元 483 年～565 年）充滿期待，讓他接受了良好的教育。從西元 518 年開始，查士丁尼就擔任帝國行政指導，幫助查士丁一世管理政務。叔叔查士丁一世去世後，查士丁尼於西元 527 年正式成為拜占庭的皇帝。

查士丁尼即位後,迅速投入振興羅馬帝國往昔輝煌的事業之中。為了更好地完成這一事業,他開展了諸多行動。他打敗了波斯帝國,擊潰了汪達爾族(Vandals),收復了義大利、北非和西班牙的一部分,把地中海變成了羅馬的內湖;他大力發展商業、工業;他還大興土木,建築城堡、修道院和教堂,其中就有著名的聖索菲亞大教堂。

為了鞏固自己的統治,雄心勃勃的查士丁尼審視了現存的法律,認為之前的法律只會照搬前朝的舊律,內容太過簡陋,很多都已經不符合現在的需求,根本不適應新時代的新變化,於是他決定編定帝國的新法律。

查士丁尼一世

西元 528 年年初,也就是查士丁尼當上皇帝的第二年,查士丁尼便委託一個專門委員會負責整理、編纂帝國法律大全。西元 530 年,查士丁尼任命特里布尼厄斯為主席,又挑選了其他一些有名望的法學家和教授,共同進行法典編寫工作。他們將歷代羅馬法學家的著作,進行了整理彙編,用 3 年時間編成《學說彙纂》(*The Digest*),即《查士丁尼學說彙

纂》。這部法典在西元533年施行，並在第二年完成校正再版，正式成為一部基本法律全集。

《查士丁尼法典》(*Codex Justinianus*) 共12卷，包括《查士丁尼法典》、《查士丁尼學說彙纂》、《查士丁尼法學總論》和《查士丁尼新律》四個部分。

《查士丁尼法典》保留了奴隸法，但取消了父母可以把子女賣為奴隸補償自己對他人的冒犯這一部分。法典還承認了婦女繼承遺產的權利，強調了基督教的思想統治，確立了君權神授的原則，對於基督教生活的各個方面也做出了詳細規定。法典還嚴格規定了奴隸與隸農必須無條件地服從他的主人，不服從者將受到重罰乃至死刑，為了防止奴隸反抗，法典還加入了一些釋放奴隸的條文。

查士丁尼移交法典

《查士丁尼法典》明確宣布了皇權無限，維護了教會的利益，對鞏固奴隸主的統治具有重要意義。《查士丁尼法典》是世界上第一部完備的奴隸制成文法，它內容豐富，包羅了從羅馬共和時期至查士丁尼為止所

有的法律和法學著作。它代表著羅馬法已經發展到了完備的階段，後來歐洲各國的法學和法律的發展也多受到該法典的影響。

查士丁尼與隨從

拜占庭的奇蹟：聖索菲亞大教堂（西元 532 年）

　　西元 324 年，羅馬皇帝把古希臘一座靠海的城市——拜占庭（Byzantium），改為君士坦丁堡（Constantinople），選為皇家駐地。西元 395 年，羅馬皇帝把帝國一分為二後，君士坦丁堡成為東羅馬帝國的首都。從 17 世紀開始，西歐的歷史學家為了區分古代羅馬帝國和中世紀神聖羅馬帝國，便把建立在君士坦丁堡的東羅馬帝國稱為「拜占庭帝國」。

　　開始時，拜占庭帝國的疆域包括巴爾幹半島、小亞細亞、敘利亞、巴勒斯坦、埃及、美索不達米亞及外高加索的一部分。查士丁尼在位時，拜占庭帝國擴展到北非以西、義大利和西班牙的東南部。7 世紀時，拜占庭帝國國力達到頂峰，與唐帝國、阿拉伯帝國並稱為世界三大帝國。

　　西元 325 年，君士坦丁大帝為了供奉智慧女神索菲亞，開始建立一

座拉丁柱廊式的大教堂,並附有長廊及木製屋頂和一個天井,這就是第一座教堂。西元 360 年,君士坦提烏斯二世(Constantius II)在位時開始啟用這座教堂,後來因為暴亂大教堂被毀。

聖索菲亞大教堂

第一座教堂被毀後,皇帝狄奧多西二世命令建築師魯弗留斯修建第二座教堂。西元 415 年,這座有著木製屋頂的教堂建成了,教堂的大理石塊上雕刻著十二羔羊、十二使徒等形象。很不幸,這座教堂因為尼卡暴動被一把火燒成了灰燼。

西元 532 年,在第二座教堂被燒毀後的幾天,皇帝查士丁尼一世下令建一座更加雄偉壯觀的教堂,這就是著名的聖索菲亞大教堂(Hagia Sophia)。為了保證教堂的順利修建,查士丁尼一世聘請當時著名的物理學家伊西多爾(Isidore)和數學家安提莫斯(Anthemius)為建築師。查士丁尼一世將全國各地的物料都收集來用以修建第三座大教堂,像以弗所(Ephesus)阿提米絲神殿(Artemision)的古希臘圓柱,以及各地不同的石料:色薩利(Thessalia)的大理石、埃及的斑岩、博斯普魯斯(Bosporus)的黑石及敘利亞(Syria)的黃石等。

建築師們採用了希羅的理論,在廣闊的空間上建造巨大的圓頂,超

過1萬人參與了這項工程。這座大教堂東西長77公尺，南北寬71公尺，中央穹隆突出，四面規模相仿但有側重。前面有一個大院子，正南入口有兩道門庭，末端有半圓神龕。中央大穹隆的穹頂高度達54.8公尺，直徑達32.6公尺，它透過帆拱支承在四個大柱墩上，邊緣還懸掛著40具吊燈。

整個教堂裡面裝飾著金底的彩色玻璃鑲嵌畫，柱頭、拱門、飛簷等處用雕花裝飾，各種顏色的大理石裝飾著地板、牆壁、廊柱。教壇上鑲有象牙、銀和玉石等，大主教的寶座用純銀製成，祭壇上還懸掛著金絲銀線窗簾，上面描繪著皇帝和皇后接受基督和瑪利亞的祝福。

西元537年，聖索菲亞教堂（Hagia sophia）建成，皇帝和牧首梅納斯一起參與了盛大的落成儀式。據說，查士丁尼大帝投入1萬名工人，花費6年的時間來裝飾聖索菲亞大教堂。即便如此，教堂的鑲嵌畫還是在查士丁二世在位時才完工。

聖索菲亞教堂內部

聖索菲亞大教堂最奇特的地方是，它在平面上採用了希臘式十字架的造型，在空間上創造了不用柱子支撐的巨型圓頂。那些數學工程師發明了用拱門、扶壁、小圓頂等來支撐和分擔穹隆的建築方式。

聖索菲亞大教堂是拜占庭建築的代表作，也是世界上唯一由神廟改建為教堂，並由教堂改為清真寺的建築，更創造了以帆拱上的穹頂為中心的複雜拱券結構平衡體系。

阿拉伯帝國（西元632年～1258年）

西元610年開始，伊斯蘭教先知穆罕默德（Muḥammad）在麥加傳播伊斯蘭教。當時不僅貧民加入，一些貴族家庭成員也加入進來，這讓麥加統治集團擔心起來，他們開始對穆罕默德進行迫害。西元622年，為了躲避迫害，穆罕默德被迫離開麥加前往雅特里布城。為了歡迎穆罕默德的到來，人們將雅特里布改名為麥地那·納比（Madina Nabi），意思為「先知之城」，簡稱「麥地那」。

來到麥地那的穆罕默德化解了該城原有部落間的各種爭端，從而樹立了很高的威望。西元627年，穆罕默德以堅守之策，擊潰麥加萬人大軍對麥地那城的圍攻。此後，麥地那軍隊屢戰屢勝，逐漸擴大了伊斯蘭教的影響，使麥地那成為阿拉伯半島上最強大的政治、軍事和宗教力量。

西元630年年初，在阿拉伯半島上的伊斯蘭教勢力鞏固後，穆罕默德率領大軍將麥加圍住，麥加城主動求和，雙方簽訂了《侯代比亞和約》（Treaty of al-Hudaybiya），居民自發地接受伊斯蘭教。隨後，阿拉伯半島上的各個部落紛紛歸順。自此，阿拉伯半島的民眾開始建立一個阿拉伯伊斯蘭國家。

穆罕默德逝世後，他的繼承者們為了鞏固自己的統治，盡力滿足阿拉伯人的需求。為了擴大貿易和領土，他們開始了征服世界的程序。西元634年～712年，阿拉伯帝國達到頂峰，其帝國結構發生了根本改變，帝國的最高統治者由部落聯盟的酋長變成了東方神權君主，還建立了一套官僚體系，並有了自己的常備軍。

伊斯蘭風格建築

在阿拉伯帝國的統治下，各個不同民族的古典文明開始融合，最終形成了全新的阿拉伯文明。著名的新月沃地是阿拉伯文明的肇興地，也是伊斯蘭世界的中心。8世紀中葉，阿拉伯帝國的人口達到了3,400萬。

阿拉伯帝國在拜占庭和波斯的南部迅速崛起，極盛時，疆域東起印度河及蔥嶺，北達高加索山脈，西抵大西洋沿岸、裡海以及法國南部，南至阿拉伯海與撒哈拉沙漠，國土面積達1,340萬平方公里。阿拉伯帝國是世界古代歷史上東西方跨度最長的帝國之一，也是繼波斯阿契美尼德王朝、亞歷山大帝國、羅馬帝國、拜占庭帝國之後地跨亞歐非三洲的大國。

但是，龐大的阿拉伯帝國只是一個多民族、多宗教、多信仰的結合體，它沒有凝聚力，這些不同民族和不同信仰都存在著一定的隔閡和不可調和的衝突。9世紀中葉，帝國已經開始分崩離析，走向滅亡。10世紀以後，帝國實際已經名存實亡。

西元1258年，成吉思汗之孫旭烈兀率領蒙古軍隊摧毀了阿拉伯帝國的首都巴格達，為了不讓皇族的鮮血受到玷汙，巴格達哈里發（Caliph）寧願裹在地毯裡被戰馬踩死，也不願被戰刀所殺。自此，阿拉伯帝國滅亡。

阿拉伯帝國的政治形態是比較統一的封建政治形態，經濟形態是農奴制形態。除保持伊斯蘭教教權統治原則外，阿拉伯帝國還吸收其他文明國度的制度，形成了伊斯蘭獨一無二的、政教合一的君主專制政體。阿拉伯帝國的官員一般分為軍政官員、稅收官員、宗教官員三類。

阿拉伯古蹟

據《舊唐書·西域傳》記載，唐高宗永徽二年（西元651年），阿拉伯帝國第三任正統哈里發派遣使節到達長安與唐朝交好，唐高宗為此專門為穆斯林使節修建了清真寺。此後雙方來往頻繁，在中國史書的記載中，阿拉伯帝國使節來訪次數多達37次。

阿拉伯帝國的首都巴格達不僅是阿拉伯帝國的政治中心，還是商業碼頭。中國的絲綢、瓷器，印度和馬來群島的染料、蔗糖、香料、礦物，中亞的寶石，東非的象牙、金砂，北歐和羅斯的蜂蜜、黃蠟、毛皮和木材等，都是阿拉伯商人經營的商品。

阿拉伯的文學作品以詩歌為主，其文字優美，音韻或鏗鏘激昂，或婉轉柔美。其中《天方夜譚》（也譯為《一千零一夜》）汲取了印度、希伯來、波斯、埃及、中國和阿拉伯民間文學的精粹並被不斷完善，經過數百年沉澱，它成了阿拉伯乃至世界文學中的明珠。

伊斯蘭的建築別具一格，包括清真寺、伊斯蘭學府、哈里發宮殿、陵墓以及各種公共設施、居民住宅等，都是世界建築藝術和伊斯蘭文化的組成部分。它同印度建築、中國建築並稱「東方三大建築體系」。

阿拉伯金字塔群

阿拉伯天文學家扎判地球中心說，預測了地球自轉並繞太陽轉，他們還精確地測出了子午線的長度，阿拉伯天文學家阿爾·巴塔尼（al-Battani）在其著作《薩比天文表》（*Sabian Symbols*）中，對托勒密（Claudius Ptolemy）的一些錯誤進行了糾正。後來，這部書傳到歐洲，成為歐洲天文學發展的基礎。阿拉伯天文學家使用的儀器也很先進，他們於9世紀左右已經使用了象限儀、星盤、日晷、地動儀等。

阿拉伯人對印度數字與零符號體系的改造與推廣，不僅方便了阿拉伯人的日常生活，還引發了人類計算領域的一場革命。需要說明的是，我們21世紀所稱的阿拉伯數字，實際上產生於印度，由阿拉伯人傳入歐洲而得名。

第六章 中世紀的開端

日本大化革新（西元 646 年）

　　日本跟其他國家不同，它由幾個大島和若干小島組成。在古代，日本人因為大海的阻隔，國家內部衝突全由自己解決，外部勢力很難加以干涉。

　　西元 593 年，聖德太子推行的推古改革，雖然削弱了氏姓貴族奴隸主的保守勢力，並初步確立了中央集權制和皇權中心思想，但氏姓貴族的勢力還是很強大。

　　聖德太子死後，外戚蘇我氏趁機掌握了政權。為了防止改革勢力的抬頭，他們殺死聖德太子的兒子山背大兄皇子而另立天皇。

　　西元 640 年，被聖德太子派到中國留學的高向玄理和留學僧南淵回國。他們帶回了日本改革所需要的思想——唐朝的封建統治制度和思想文化。

　　西元 645 年 6 月 12 日，皇極天皇在日本飛鳥板蓋宮太極殿舉行「受貢」儀式，接見來自高句麗、百濟、新羅的使節，中大兄皇子、中臣鎌足等人也陪同在側。當宮門關閉後，中大兄皇子突然拔劍將蘇我入鹿殺死，他父親也於第二天自殺了，這就是「乙巳之變」。

　　政變後，皇極天皇退位，孝德被革新派立為天皇，中大兄立為皇太子，中臣鎌足為內臣，僧旻和高向玄理為國博士（意為顧問），年號大化，並將都城遷到難波（今大阪），建立了像中國唐朝那樣的封建國家。

　　西元 646 年，新政權以詔書的形式頒布了《改新之詔》，向全國推行改革，這就是大化革新，其主要內容包括以下四個方面：

1. 將皇室和貴族的私有土地和部民一律收歸國家，並實行公地公民制，這樣全國的土地都屬於天皇和國家，國家賜大夫以上的高官以食封。

2. 改革統治機構,確定中央、地方的行政區劃和組織,建立京師和地方行政機構(國、郡、里),設定關塞、防人(戍邊軍)及驛站,廢除以前的世襲制,各地官吏由國家統一任免。
3. 編制戶籍、記帳(賦稅簿帳),施行班田收授法。凡田長 30 步、廣 20 步為段,10 段為町。
4. 改革稅收制度,施行租庸調新稅法。

聖德太子

為了保證改革的順利進行,全國各地開始統計人口和登記田產。西元 701 年,為了讓改革依法進行,新政權又頒布了《大寶律令》。大化革新推行了大約 50 年,在實踐過程中不斷加以完善,取得了很好的效果

在政治上,通過大化革新日本廢除了貴族世襲制,建立了中央集權天皇制的封建制國家,並且確立了以才選官的人才選拔機制。西元 647 年制定七色十三階冠位,後來又制定十九階冠位。大夫以上的貴族賜予食封,以下的用布帛作為俸祿。

在經濟上,通過大化革新廢除了部民制,建立了班田收授法與租庸調制。每隔 6 年,政府就給 6 歲以上的男子口分田 2 段,女子為男子的三分之二,私奴婢為公民的三分之一,公奴婢與公民的相等。受田人死後,國家收回口分田。

日本大化革新

　　班田農民擔負租庸調。租，就是實物地租，受田每段交納租稻 2 束 2 把。庸，就是力役及其代納物，凡 50 戶充仕丁 1 人，50 戶負擔仕丁 1 人之糧，1 戶交納庸布 1 丈 2 尺、庸米 5 斗。調，就是地方特產，分為田調、戶調、付調。田調按土地面積徵收，田 1 町徵收絹 1 丈、2 丈、布 4 丈。戶調按戶徵收，其數量為「1 戶貲布 1 丈 2 尺」。付調隨各鄉土特產徵收。

　　在軍事上，實行徵兵制，在京師設立五衛府，在地方設軍團，所有軍隊歸中央統一指揮。

　　日本通過大化革新將部分生產力釋放出來，加快了日本的發展，同時也完善了日本的統治制度，建立了一套先進的管理制度，為以後的發展打下堅實的基礎。大化革新也是日本由奴隸社會向封建社會過渡的代表。

開元盛世（西元 712 年～741 年）

　　東方的中國在經歷了三國兩晉南北朝後，西元 618 年，唐高祖李淵建立了統一的王朝——唐朝。經過了「貞觀之治」、「永徽之治」、「武周時期」後，中國迎來了唐朝的全盛時期，史稱「開元盛世」。

世界中古史（西元 476 年～1640 年）

　　西元 712 年，唐睿宗李旦退位，唐玄宗李隆基即位。唐玄宗粉碎了太平公主集團，流放郭元振、斬殺唐紹，並逐步將功臣、諸王外刺（調離出京，到外地任刺史），鞏固了皇權。

　　唐玄宗即位以後，以道家「清靜無為」的思想為治國之道，並改革官制，整頓吏治，任用賢能，提升了政府機構的辦事效率。他不僅善於使用人才，還善於發現人才。他挑選了 6 位既通曉治國方略，又盡心操勞國事的賢臣做宰相，就這樣，他依靠這些賢臣既穩定了政治局面，又大力發展了經濟。

　　在經濟方面，他進行了一系列改革，增強了國力，擴大了財政收入。他的新政策有打擊豪門士族，解放勞動力；發起檢田拓戶運動，增加政府財政收入，減輕農民負擔；限制佛教勢力，減少僧尼；大力發展農業，使得全國耕地面積達到 6.6 億畝，人均占有 9 畝多；興修水利工程。

唐玄宗畫像

　　唐玄宗時期，農耕技術得到提升，水稻廣泛採用育秧移植；生產工具也得到改進，還出現了新農具──曲轅犁，新灌溉工具──筒車。茶葉的加工工藝也得到進一步提升，茶樹種植得到了極大的發展。唐朝陸羽寫出世界首部茶學專著──《茶經》，被世人尊稱為「茶聖」。從此飲茶之風開始在唐朝盛行，並且風靡世界。

　　開元時期的大都市有長安、洛陽、揚州等。可以說長安城已成為一座國際化的大都市，城內分為坊和市，也就是居民住宅區和商業區。長安的建築不僅影響了以後中國各個朝代都城的建築模式，還影響了朝鮮和日本──日本的平城京和平安京都是以唐代的長安城為模型建造的。

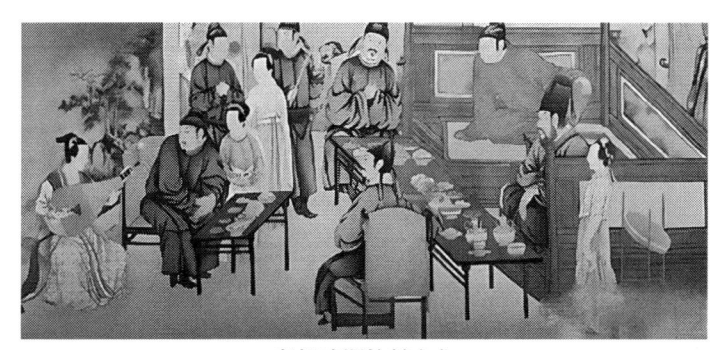

唐朝時期的茶文化

唐玄宗還改革了兵制，對軍隊進行了整頓。在邊境地區大力發展屯田，提升軍隊戰鬥力。

在開元盛世的鼎盛時期，一度建立了南至羅伏州（今越南河靜）、北括玄闕州（今俄羅斯安加拉河流域）、西及安息州（今烏茲別克布哈拉）、東鄰哥勿州（今吉林通化）的遼闊疆域，使得國土面積達到 1,076 萬平方公里，天寶年間，全國人口達 8,000 萬之多。

唐玄宗實行對外開放的民族政策，改善了各民族之間的關係。據《唐六典》記載，開元時前來朝貢的蕃國多達 70 餘個，和睦的民族關係對社會的穩定和經濟的發展都發揮了很大的促進作用。

經濟的繁榮和社會的穩定，也使得唐朝的文化得以蓬勃發展。唐朝的著名詩人高適、岑參、王維——特別是李白、杜甫等詩人都生活在這個時代。其他如音樂、繪畫、雕刻也都有顯著的成就。唐玄宗還下令群臣訪求歷朝遺書，整理了國家圖書館，藏書達到 5 萬多卷；組織鴻儒碩學，編撰四部圖書；編訂了《大唐開元禮》、《唐六典》等；還大力提倡教育，廣泛設立公私學院。

世界中古史（西元 476 年～1640 年）

開元盛世

正是唐朝的改革開放，讓唐朝迎來了「憶昔開元全盛日，小邑猶藏萬家室。稻米流脂粟米白，公私倉廩俱豐實」的開元盛世。

丕平獻土（西元 751 年）

5 世紀，西羅馬帝國滅亡後，教宗成為羅馬城的一般主教。

7 世紀到 8 世紀上半葉，亞平寧半島上存在東羅馬帝國、倫巴底王國（Kingdom of the Lombards）和教宗三種勢力。

西元 741 年，丕平（Pepin）繼承了父位，成為法蘭克王國的宮相（Maior domus）——實際王國實權都掌握在他的手中。丕平有篡奪王位的野心，但是擔心自己的王位名不正言不順，引起大家的反感，所以一直想尋求教宗的支持，讓自己的王位披上合法的外衣。

機會終於來了，西元 751 年，倫巴底人攻陷東羅馬帝國控制的義大利拉溫納總督區，他們威脅到教宗在羅馬公國的統治。此時，教宗名義上的保護者東羅馬帝國，正在忙著東征，並且離羅馬很遠，根本不能為教宗提供幫助。沒辦法，教宗只能將目光轉向了當時比較強大的法蘭克王國，想要與法蘭克王國結成政治和宗教的聯盟。

丕平透過地區主教向羅馬教宗捎去了口信：「雖然法蘭克國王是王族和國王，但他們除簽名權外並沒有其他權力。也就是說，他們只會照宮相的吩咐辦事。」教宗明白丕平的用意，為得到法蘭克的支持，於是答道：「誰為法蘭克操勞，誰就是它的主人。」

倫巴底人攻打東羅馬帝國

得到教宗的認可後，丕平馬上在法蘭克貴族及其附庸的會議上，宣布廢黜墨洛溫王朝的末代國王希爾德里克三世（Childeric III），並讓他去修道院做僧侶。丕平自立為王，教會為丕平塗抹聖油，賜予王權，西元751年11月，丕平建立了加洛林王朝（Carolingian dynasty）。

西元753年冬天，教宗司提反二世，冒著寒風大雪，越過阿爾卑斯山來到了法蘭克王國，這是羅馬教宗第一次出現在法蘭克王國。丕平對教宗的到來表示了十二分的尊敬，還親自為教宗牽馬。法蘭克的廣大信徒、民眾也非常歡迎教宗的駕到，這讓教宗感到很欣慰。

經過詳談，丕平與教宗簽訂了一個「互相協助，互相保護」的協定。司提反二世重新為丕平舉行了加冕典禮，並模仿《聖經》上記載的以色列──猶太國創始人大衛王的樣子，為丕平和他的妻子、兒子塗上聖油。這一神祕的儀式表示國王是「蒙上帝之恩當選」的神權國王，也就是

說丕平擔任的國王是上帝在世間統治的代表，反對國王就是反對至高的神。教宗還宣布：「如果有人想從別的家族中選立法蘭克國王，將被逐出教門。」丕平也作出承諾，以後在所征服的義大利土地中，會劃出拉文納至羅馬一帶，捐贈給羅馬教會。

君士坦丁的獻禮

西元 754 年和 756 年，丕平先後兩次出兵攻打義大利，他打敗了倫巴底人並將所征服的拉溫納（Ravenna）、里米尼（Rimini）、具沙羅等 22 個城市獻給了羅馬教會，史稱「丕平獻土」。

「丕平獻土」奠定了教宗國的地位，讓羅馬教宗從西方的精神領袖，走向世俗領袖，最終管理人神兩界，影響了西歐近千年的歷史。

查理大帝（西元 742 年～ 814 年）

聞名世界的查理大帝，是大名鼎鼎的法蘭克王朝丕平的長子，他建立了囊括西歐大部分地區的查理曼帝國（Charlemagne Empire），所以他也被叫做查理曼（Charlemagne）、查爾斯大帝或卡爾大帝。他是法蘭克王國加洛林王朝的國王和神聖羅馬帝國的奠基人，在行政、軍事、司法、文化教育方面都頗有建樹，被後世尊稱為「歐洲之父」。

第六章　中世紀的開端

西元 742 年，查理出生在法蘭克王國埃斯塔勒市的一個貴族家庭，其祖父查理·馬特（Charles Martel）是墨洛溫王朝（Merovingian Dynasty）掌握實權的宮相，他父親丕平三世是加洛林王朝的開國之君。771 年，29 歲的查理成為法蘭克王國的君主。

查理登基時，法蘭克王國的國土包括今日的法國、比利時和瑞士，以及荷蘭和德國的許多地區。登基後查理抓住時機開始擴張領土，經過數次戰役，把疆域擴大了一倍，幾乎控制了整個西歐。

查理起初是為了完成父親的遺願對阿基坦（Aquitaine）進行征討，但是當他讓自己的兒子做了阿基坦的國王之後，查理就開始四處征戰。在他 45 年的統治期間，出征 354 次，將倫巴底、薩克遜、安達盧斯（Al-Andaluz）、巴塞隆納（Barcelona）等疆域都歸入法蘭克王國的版圖，成為自羅馬帝國衰亡以來歐洲歷史中領土最廣闊的國家。

查理在整個統治期間，一直與羅馬教宗保持著緊密的政治聯盟關係。西元 800 年的聖誕節，羅馬教宗利奧三世（Leo III）把一頂皇冠戴在查理大帝的頭上，宣布他為「羅馬人的皇帝」。從此，「查理國王」變成了「查理曼」，這個「曼」就是「大帝」的意思。

查理稱帝後，開始加強中央集權統治，他重用貴族和主教，同時繼續推行采邑分封制度，作為接受采邑的條件，他們都要向皇帝宣誓效忠。帝國的中央政權除由皇帝親信組成的樞密會議外，還有貴族大會，每年召開一至二次貴族大會，討論國家的重大決策。為了管理地主，中央經常派遣巡按使去地方監督。這就形成了以國王為首的伯爵、主教等大封建主，下面是中小封建主，他們構成一系列的封建等級制度，這種制度也被後來的西歐封建社會所繼承。

查理大帝是一位很有作為的皇帝。他興辦學校，還聘請一些知名的

學者來講學；他蒐集古拉丁文和希臘文的手稿，用加洛林優美的小草書體去抄寫，後來這種文字稍加修改就成為現行的拉丁字母；他在修道院設立圖書館，專門用來收藏教父作品和古希臘羅馬作家的作品，這些作品直到現在還完整地儲存著；他還邀請歐洲最優秀的建築師、雕刻家和畫家，來為帝國修建修道院和教堂。

查理大帝加冕 　　　　　　　　　查理大帝

儘管有很多人在他發動的戰爭中喪生，但是他也為黑暗的中世紀帶來一束亮光，在他統治期間出現了短暫的「加洛林文藝復興」(Carolingian Renaissance)。

西元 814 年的冬天非常寒冷，但是好戰的查理大帝還是堅持外出去打獵，很不幸，他感染了風寒。1 月 28 日，查理大帝在首都宮中逝世。查理死後，帝國陷入內亂。843 年，根據《凡爾登條約》(Treaty of Verdun)，帝國被一分為三。

凡爾登條約：天下三分（西元 843 年）

查理大帝死後，查理的兒子虔誠者路易一世 (Louis I) 繼位，他開始的時候想把帝國交給第一個妻子所生的兒子繼承，後來又想把帝國大部

分領土交給第二個妻子所生的兒子繼承。西元 840 年，路易一世死後，長子洛泰爾 (Lothaire) 即位。第二年，路易一世另外兩個沒能繼承王位的兒子日耳曼人路易 (Ludwig der Deutsche) 和查理結成聯盟，共同反對洛泰爾，於是內戰開始了。

西元 842 年，洛泰爾戰敗了，他向兩兄弟求和。843 年，三兄弟握手言和，簽訂《凡爾登條約》。

根據條約的規定，加洛林帝國被一分為三。帝號由洛泰爾繼承，並將義大利中部和北部，以及萊茵河和阿爾卑斯山以西，埃斯科河、默茲河、索恩河和羅訥河以東地區劃分給他，稱為中法蘭克王國 (Francia media)；日耳曼人路易分得萊茵河以東地區，稱為東法蘭克王國 (Francia orientalis)；查理分得洛泰爾領地以西地區，稱為西法蘭克王國 (Francie occidentale)。

《凡爾登條約》三國邊界的劃分後來又經過《墨爾森條約》(Traité de Meerssen) 的重新調整，基本確定了近代義大利、德意志和法蘭西三國的版圖。

簽訂《凡爾登條約》

中法蘭克王國夾在東、西法蘭克之間,並沒有形成一個牢固的政治實體,其領土一直被法、德兩國爭奪,最後法國得到了南部和中部的大部分土地,德意志神聖羅馬帝國則保留了萊茵河左岸地區。北義大利先後由神聖羅馬帝國和奧地利帝國統治,西元1861年義大利統一,成立義大利王國。被他們瓜分剩下的領土形成了後來的瑞士、比利時、荷蘭和盧森堡。查理曼帝國的瓦解奠定了近代西歐諸國的基礎。

阿拉伯醫學王子 —— 阿維森納
(西元980年～1037年)

阿維森納(Avicenna)也叫伊本・西拿(Ibn Sīnā),誕生於西元980年中亞細亞布哈拉城附近的阿夫沙納鎮(Afshana,今烏茲別克共和國境內)。他的父親是當地的稅務官,經常與一些飽學之士來往,於是阿維森納從小就有機會聆聽當時傑出的大師們的言論。

阿維森納從小就非常聰明,且記憶力驚人,據說10歲時就能背誦《古蘭經》和許多詩歌。後來,他又學習邏輯學和形而上學,由於進步很快,能力很快就超過了教他的老師,他無師可學,只能自學。他看了很多醫書,面對複雜的醫學,阿維森納說:「醫學比數學和哲學簡單,可以免費為別人治病,獲得經驗。」自學醫學數年後,16歲的阿維森納就成了當地的名醫。17歲那年,他治癒了薩曼王朝曼蘇爾親王的疾病,成了御醫,從而獲得了進入藏書豐富的皇家圖書館的機會。

這個機會對擁有超強記憶力的阿維森納來說,就像給了他一雙會飛的翅膀。21歲時,阿維森納在各門學科上的造詣都非常高,並且已經成為一名著名的醫生。他還曾經做過行政人員,在政府部門工作過。後來他的父親去世了,薩曼王朝也被突厥擊敗,阿維森納開始過著顛沛流

離的生活。一代天才除了中間幾段很短的平靜生活外,一直生活在混亂中,真讓人痛惜。不過即使在那樣混亂的時代中,阿維森納也一直專注地研究自己的學術,並沒有受到外界的影響。

阿維森納

西元 1022 年後,阿維森納逃到伊斯法罕(Esfahan / Isfahan),在那裡度過了一生中較為平靜的最後 14 年。那段時間,他受到統治者阿拉·道拉的重視,完成了人生中的大部分著作。後來,他不得不隨阿拉·道拉前往戰場,即使在那種環境下,他也堅持寫作,他最後一本哲學作品《指示與評論書》(*Remarks and Admonitions*)就是在這個時期完成的。1037 年,阿維森納隨阿拉·道拉上戰場,不幸病倒了,雖然他盡力自救,但最後還是死於腹絞痛。

據說,阿維森納的著作有 200 多本,最著名的是《醫典》(*The Canon of Medicine*)。《醫典》是一部系統的百科全書,裡面記載了大量羅馬帝國時期希臘醫生的成就和其他波斯著作,也記載了一小部分自己的實踐經驗。《醫典》共五卷,第一卷是總論;第二卷是藥物學;第三卷是病理學、症候學和治療學;第四卷敘述了各種疾病及其症狀;第五卷主要是處方與製藥法。

《醫典》的醫學思想師承希波克拉底(Hippocratic)、蓋倫(Galen),

哲學思想師從亞里斯多德。貫穿《醫典》始終的「體液配屬學說」是對希波克拉底、蓋倫醫學思想的總結和整理，並與「四體液學說」一脈相承。《醫典》輯錄了很多前人的正確觀點，如討論了疾病的複雜性，甚至分析了疾病的首發症狀與繼發症狀、無症狀、併發症等問題，它將致病因子分為內部因素和外部因素。這些思想在希波克拉底、蓋倫和巴格達名醫拉齊（Abūbakr Mohammad-e Zakariā-ye Rāzī）的醫學思想中都有展現——如關於麻疹的論述源於拉齊的著作《醫學綱要》（*The Comprehensive Book on Medicine*）。

阿維森納雕像

阿維森納可謂博學多才，他是中世紀中亞最有影響的科學家、哲學家、詩人、音樂家和最傑出的醫生，歐洲人稱他為「醫者之父」。他讓波斯的醫學獲得很大提升，還促進了歐洲醫學的發展。他的名著《醫典》曾被中世紀歐洲醫學院用作教材，其中一些觀點沿用至今。在東方，阿維森納在醫學、哲學和神學方面的影響同樣也持續了很長時間。

附錄：第六章參考文獻

[1] 勒內・格魯塞。東方的文明 [M]。常任俠，袁音譯。北京：商務印書館，2017。

[2] 斯塔夫里阿諾斯。全球通史 [M]。北京：北京大學出版社，2006。

[3] 羅伯特・福西耶 (Robert Fossier)。劍橋插圖中世紀史 [M]。濟南：山東畫報出版社，2018。

[4] 彼得・弗蘭科潘 (Peter Frankopan)。絲綢之路：一部全新的世界史 [M]。杭州：浙江大學出版社，2016。

[5] 斯圖亞特・戈登。極簡亞洲千年史 [M]。長沙：湖南文藝出版社，2017。

[6] 約翰・赫斯特。你一定愛讀的極簡歐洲史 [M]。桂林：廣西師範大學出版社，2018。

[7] 王凱。日本古代史研究綜述 [J]。南開日本研究，2015(1)。

世界中古史（西元 476 年～1640 年）

第七章　封建王國的變革

　　封建制度是中世紀最基本的政治和社會制度。這一時期實行的主要是以貴族統治階級層層分封，占有土地和農民（農奴）等財富為基礎的社會制度。其政治制度是以共主或中央王朝給宗族、王族和功臣分封領地為特徵。

卡佩王朝（西元 987 年～1328 年）

　　卡羅曼（Carloman）死後，西法蘭克王國的加洛林主支絕嗣了，於是，西法蘭克王國請來了東法蘭克的胖子查理前來攝政，但是胖子查理自己的國家都管理不好，又怎樣能管好別人的國家？諾曼人來襲，打不過怎麼辦？胖子查理只能重金去換取諾曼人的撤退，這增加了西法蘭克人民的負擔，於是西法蘭克人趕走了胖子查理。在部分貴族的支持下，

沒有任何加洛林血統的巴黎伯爵厄德（Eudes）幸運地當上了西法蘭克的國王。西元896年，厄德死後，憨直者查理登上王位，被稱為查理三世。後來在蘇瓦松一戰中，憨直者查理被囚禁，直到929年死去，他的遺孀是位英國公主，她帶著他們的兒子路易逃到了英國。

在西法蘭克的國王魯道夫死後，魯道夫的內弟，國王羅貝爾（Robert I）唯一的兒子大雨果主張立一個弱國王，於是他就把流亡英國的路易請回來當國王，就這樣大雨果自己成為最有權勢的貴族和攝政王。大雨果死後，雨果·卡佩（Hugues Capet）繼承了父親的地位。

雨果·卡佩

西元987年，加洛林王朝的路易五世去世。因為他也沒有子嗣來繼承王位，但國不可一日無君，於是大家推舉雨果·卡佩加冕為王，開始了法國的卡佩王朝。王朝初年，王室的領地很小，只有位於塞納河和羅亞爾河中游包括巴黎和奧爾良在內的零星土地，其面積大約只有1,000平方公里。

卡佩家族的生育能力絕非西法蘭克之前的皇帝所能比的，從雨果·卡佩開始每代都有合法繼承人，一直持續了11代，這讓該家族可以有好幾百年的時間鞏固自己的封君地位。

11 世紀，為了恢復法蘭西國王的權勢，羅貝爾二世 (Robert II) 西元 996 年～1031 年在位) 與那些不願效忠自己的領主不斷產生衝突，從而引發戰爭。1016 年，羅貝爾合併了勃艮地的領地，領了勃艮地公爵的頭銜，王室領地擴大了一倍以上。

羅貝爾二世

腓力一世 (Philippe I，西元 1060 年～1108 年) 統治期間，王室的領地分別向南北稍微拉長了一點。路易六世 (Louis VI，西元 1108 年～1137 年在位) 統治時，他繼續鞏固法國的王權，並與英格蘭國王亨利一世 (Henry I) 作戰，在法國國內，他也跟那些被稱為「強盜男爵」的貴族進行不屈的抗爭。為了增加自己的同盟，路易六世給予城市居民自治權，這樣當他與貴族進行抗爭時，市民能站在自己這一邊。在市民和教會的支持下，路易六世不僅拆毀了貴族的城堡，還在他們的領地上駐紮忠於王室的衛隊。經多年的努力，卡佩王朝在法國的封君地位已經基本穩固。

西元 1137 年，路易七世 (Louis VII) 成為法蘭西的國王，他與阿基坦公爵威廉十世之女埃利諾 (Eleanor) 結婚，阿基坦和普瓦都因此併入王室領地，王室領地一下子擴大了三倍。但後來因為路易七世與埃利諾離婚，埃利諾改嫁給英王亨利二世 (Henry II)，阿基坦和埃莉諾的領地又落入英格蘭安茹王室 (House of Anjou) 手中，這讓英格蘭安茹王室一舉占據

了法蘭西80%以上的領地。路易七世曾兩次發動戰爭想要奪回，卻都失敗了，此後為了領地的戰鬥從來沒有終止過。

腓力二世（Philippe II）在位（西元1180年～1223年）時，法國征服了諾曼第，合併了安茹的大片土地，擴大了自己的領地。路易九世（Louis IX）西元1226年～1270年在位）實行司法、財政改革，設立高等法院，審理重大案件，限制封建主法庭的權力。西元1284年，腓力三世（Philippe III，西元1270年～1285年在位）吞併了香檳伯國（Comté de Champaigne），使得盧瓦爾河以北除了佛蘭德斯伯國（Comté de Flandre）和勃艮第公國（Duché de Bourgogne），均處於法蘭西王室的直接統治之下。

查理四世（Charles IV）在位（西元1322年～1328年）期間，因為他加稅、加關稅、沒收不動產、干涉英國內政，將國內和國際上的人都得罪了，使得大家對法蘭西王室都沒有好感，導致法蘭西王室由此走向了衰落。查理四世有四個女兒，沒有兒子，於是卡佩王室直系繼承人中斷，由此直系卡佩王朝告一段落。查理四世的堂兄、安茹伯爵腓力六世繼承王位，從而開始了法國歷史上的瓦魯瓦王朝（Maison de Valois）。

路易七世

日本武士的形成（11世紀）

西元710年，日本遷都平城京（今奈良）後，貴族統治階級對民眾的剝削變本加厲。當時農民收入的90％都需要上繳，大量奴婢和民眾無法忍受，紛紛逃亡。因為逃亡的人數實在太多了，導致中央政府被迫發

表法令：各地可以就地徵收逃亡的人的租庸調和徭役，不用強制遣返回家鄉。

面對大面積的土地閒置和稅收減少，朝廷又頒布了新的法令：土地永久私有，每個人都可以擁有自己的土地。於是各地的郡司、國司、豪族到處緝拿逃亡的流民，卻隱匿不報，把這些流民變成自己的奴隸，競相開墾荒地。

天皇名下沒有私人的土地，但是皇后和皇族卻擁有大量的土地，這些皇室領地不用向國家納稅。隨著中央和地方貴族、寺院、地方豪族侵吞的土地越來越多，到了9世紀末，貴族和寺院也爭取到了不用繳納稅賦的特權。

日本平安時代

日本把國民分為「良民」和「賤民」。良民是普通的農民，有自由身；賤民是奴隸，國家所有的奴隸叫「奴婢」，私人擁有的奴隸叫「家人」。這些「家人」連同他們的妻子兒女，都是貴族的私人財產。

從9世紀開始，日本土地擁有者為了謀求不納稅的權利，紛紛把自己的土地捐給了那些已經取得不納稅特權的中央貴族，而自己只身為土地的管理人。天皇看著自己獲得的稅收越來越少，便規定莊園主也要繳

納賦稅，莊園裡所屬的農民也要繳納租庸調。為保證稅收，天皇還委派檢田使和徵稅使負責檢查。

為了保住自己的利益，對抗朝廷，基層的「莊園主」們紛紛向更上一級的權貴、寺院、神社進獻土地，尋求庇護，希望不用交稅，也不用接受官員檢查，這些權貴被稱為「領家」。「領家」又進獻給比自己更高級的皇族和高官，這更高一級的「領家」，被稱為「本家」。

11世紀中葉，原來的國有土地也被各特權階層收入囊中，日本的權力慢慢落入豪門貴族、寺院和神社手裡，天皇和朝廷的權力已被架空。為了重新獲得權力和原有的土地，天皇委派官員到各地監察，於是與權貴和地方莊園主起了衝突。

日本武士

一些莊園主為對抗朝廷，保護自己的領地不受侵犯，開始組織建立自己的軍隊。這些莊園主本身就是當地族長，他們以自己的親人和族人為中心，組成一支私人武裝。這些私人武裝平時種地務農，有衝突時就拿起武器，保衛莊園。

日本武士刀

　　慢慢地，這種武裝組織開始制度化、專業化，也漸漸脫離土地，轉為職業軍人，於是「武士」形成了。後來，這些武士開始聚集在豪強貴族的旗下，形成武士集團。

　　武士集團以嚴守紀律和絕對服從為第一要務，漸漸形成了「盡忠」、「獻身」等所謂「武士道精神」的倫理觀念。

教權與王權的爭鬥──卡諾莎之辱（西元1077年）

　　在中世紀早期，教廷的權力並不高於國王，反而要受到國王權力的限制，因為各國主教的任免由國王決定，教廷是沒有權力進行干涉的。從西元756年開始，因為法蘭克王國的「丕平獻土」，使得教廷建立了教宗國，教宗在人們心中的地位也漸漸地提升了。800年，教宗利奧三世（Leo III）為法蘭克國王查理加冕稱帝，此後王權就被神祕化了。以後每一位國王的登基，都要得到教廷的承認，來表示自己統治的合法性，這就形成了「君權神授」的形式。

　　羅馬帝國衰落後，宗教人員的任免權長期掌握在世俗君主手中。一些世俗君主利用手中的任命權鬻賣神職，將這一職業封給忠誠的下屬和家族成員，或者使用各種方式把教廷管轄下的教區據為己有，從而獲得

巨大的收益。於是，君主領地內開始出現有一定經濟和軍事實力的教區和修道院，並慢慢形成一股重要的政治力量。這直接導致了羅馬教廷財力和威望的下降，教宗的控制力也開始降低。

教宗利奧三世為查理曼加冕

11世紀，西歐開始興起一場主張提升教宗地位與控制力的反對教區世俗化的克呂尼運動（Cluny movement）。教宗格列高利七世（Gregory Ⅶ）身為克呂尼改革派，一直試圖推行改革。格列高利七世明白，只有摒棄神聖羅馬帝國對教宗選舉的干預權力，他的改革才會成功。

西元1056年，年僅6歲的神聖羅馬帝國皇帝、德意志國王亨利四世（Henry IV）登上皇位。羅馬教廷趁著皇帝年幼，利用各種方式擴大自己的權力。1059年，頒布著名的「教宗選舉法」，規定封建領主不再擁有干預教宗選舉和任命治下紅衣主教團的權力。1075年又釋出了《教宗訓令》（Dictatus Papae，27條），具體地闡述了教宗的地位及其權力，大意是教宗權力高於一切。他不僅可以任免各個國家的主教，還可以任免各個國家的國王。

世界中古史（西元476年～1640年）

卡諾莎城堡遺址

　　亨利四世無視教宗訓令，仍然繼續任命主教，並且還召開德意志主教會議宣布廢黜教宗，跟教宗互相對抗。教宗得知後寫信讓他撤銷任命，並進行懺悔，否則開除教籍。在當時，教籍是非常重要的，如果沒有了教籍就不能繼續做國王。不過為了自己的權力，亨利四世繼續與教宗抗爭，衝突日益激烈，最後發展到了勢不兩立的地步。

卡諾莎之辱

　　於是格列高利七世釋出敕令，廢黜德皇亨利四世，革除了他的教籍，並聯合國內外反對亨利四世的人向他施加壓力。這時，德國國內一些諸侯宣稱，如果亨利四世得不到教宗的寬恕，他們將不承認他的君主地位。更嚴重的是，教宗已經準備北上與神聖羅馬帝國境內的諸侯會

面,召開一個制裁他的會議。

在內憂外患的嚴峻形勢下,亨利四世冷靜了下來,覺得自己現在的實力無法與教宗抗衡,於是改變了態度,向教宗保證自己永遠服從於他,並當面向他道歉。西元 1077 年,亨利四世帶著幾個貴族前往卡諾莎城堡向教宗謝罪,懇請教宗撤回開除教籍的敕令。

當時正值冬季,亨利四世讓車駕停在山腳下,自己脫下了禦寒的衣服和靴子,穿著苦修士的簡陋衣服,只披上一件氈毯,在卡諾莎城堡外的雪地上跪了三天,向教宗懺悔。直到第四天,教宗才接見他。亨利四世匍匐在教宗面前,展開雙臂,使全身呈十字形,向教宗淚流滿面地懺悔自己的罪過,然後呈上自己服從教宗權力的保證書和宣布撤銷關於廢黜教宗法令的命令書。

教宗格列高利七世讓亨利四世受盡了精神上的侮辱後,才恩賜他一個赦罪的吻。雖然教宗同意不將亨利四世逐出教會,但仍不恢復其國王的權力。在教宗和瑪蒂爾達(Matilda)女伯爵等人的見證下,亨利四世被迫寫下了效忠教宗的誓詞並宣誓。

這就是「卡諾莎之辱」,後人賦予它「投降」的意思。

哥德式建築藝術的起源(西元 1140 年左右)

哥德式建築(或者被譯為歌德式建築),是 12 世紀中葉出現在法國的一種建築風格,教堂是其主要表現形式。從 13 世紀中期開始,這種建築風格在整個西歐盛傳,15 世紀中後期逐漸衰落,16 世紀逐漸被文藝復興時期的建築所代替。

哥德式建築藝術位於羅馬式建築與文藝復興建築之間,與之前的羅馬教堂相比,哥德式教堂具有自己的特點:肋狀拱頂、尖頂拱門、簇柱、

飛扶壁、圓形花窗、修長的束柱，以及高聳向上的線條。在整個外形與布局方面，哥德式教堂比之羅馬式建築發生了明顯的改變，從臥式變成了高聳直立式。

哥德式教堂

「哥德式」一詞，首次使用的人是 16 世紀「藝術史之父」喬治·瓦薩里（Giorgio Vasari），他用「哥德式」這一名稱來表達他對那種高聳的、有著誇張高度的建築的厭惡。他認為是因為哥德人的入侵才產生這種建築，且認為哥德藝術是醜陋而野蠻的。但多數西方學者認為，這種帶尖頂的高聳建築風格是由十字軍傳入歐洲的。具體是什麼原因導致的，至今沒有定論。

可以肯定的是，在西歐社會發生大變革時期，也是在哥德式教堂盛行之時，其文化中心和教堂中心，都由修道院轉移到了城市。這種嶄新的教堂風格，既然能得到大家的認可，並流行起來，肯定有其特殊的原因。

12 世紀～15 世紀，被壓抑已久的社會出現了一些新變化，新的宗教原則和敬拜形式偷偷興起，新的觀念也在正統基督教與「異端邪說」的碰撞中生長起來。城市開始發展，城市裡的手工業和商業行會慢慢繁榮起來，民主政體也慢慢出現。為了表現自己的城市，市民們非常熱衷於修建教堂。

當時教堂已不再只是純宗教性建築物，已經成為城市公共生活的中心，成為市民大會堂、公共禮堂，甚至可用作市場和劇場。在宗教節日時，教堂往往成為熱鬧的賽會場地。

歐洲各國頻繁的文化交流使得歐洲人的眼界開闊起來，他們對身邊的各種變化見怪不怪，所以這種帶有異域風格的高聳教堂一出現，便受到人們的青睞。雖然文藝復興時期的藝術家將哥德式建築形容為「野蠻而醜陋的建築」，但對於十三四世紀的歐洲人來說，這種高、飄、聳的建築卻是當時最時髦的樣式。

哥德式教堂

西元 1143 年，在法國巴黎建成了歷史上第一座哥德式教堂——聖丹尼斯教堂（Basilique de Saint-Denis），它用四尖券巧妙地解決了各拱間的肋架拱頂結構問題，並且還有大面積的花窗玻璃。

西元 1144 年，聖丹尼斯教堂完成了重修，在其典禮上，各國的主教們覺得這種建築形式有著別樣的魅力，於是回去後開始紛紛效仿，各地就都出現了哥德式教堂。

聖丹尼斯教堂

　　最負盛名的哥德式建築有法國巴黎聖母院、俄羅斯聖母大教堂、義大利米蘭大教堂、德國科隆大教堂、英國西敏寺等。

　　哥德式建築以高聳消瘦且帶尖而著稱，它巧妙地用建築表達了神祕、哀婉、崇高的強烈情感，對後世其他藝術均有重大影響，現已被聯合國列入世界文化遺產，成為一門關於主教座堂和教堂的研究學問。

琅城起義，歐洲城市的興起（西元 1112 年）

　　中世紀時，很多王國開始進入封建社會，其制度的三大特徵是領主、封臣和采邑。領主是指擁有土地的貴族，這些土地是他們的私有財產並且可以世襲。在西歐封建社會，領主往往掌握著真正的權力。

　　對於建立在封建領主領地內的城市，領主可以對其進行管理。根據城市與領主的關係不同，採用的管理方式也不一樣。

　　對於那些已經取得自治權的城市，只需要向國王或領主繳納規定的賦稅就可以了，管理則由城市居民選舉產生的市議會來進行。市議會是城市的最高權力機構，有權制定政策、法令和鑄造貨幣。這樣的城市還有自己的武裝力量和法庭，有宣戰或媾和的權力。城市的行政、司法和

財政大權由市民自己選舉出的市長和管理人員共同管理。那些只有部分自治權的城市，由國王與城市代表共同管理。還有一些小城市，市民根本爭取不到自治權，只好在領主的統治下生活。

法國琅城

中世紀時，城市自由的空氣吸引了大量受原來封建領主控制的農奴，他們紛紛逃往城市，希望生活能夠過得好一些。但是有的領主為了自己的利益，設立各種名目的攤派勒索，對人民巧取豪奪，這導致了城市對封建領主的統治越來越不滿，城市與領主的抗爭日益增多。

12世紀前後，城市反對領主的抗爭盛行起來，抗爭的方式也是各不相同。有的城市向領主付一大筆錢，擺脫了領主的統治；有的城市則透過武裝抗爭來贏得城市的自治權。在後一種方式中，法國的琅城（Laon）起義最典型。

琅城是法國北部一個建立在主教高德理的領地上的城市，它算是一個富裕的工商業城市，毛紡織業很發達，在當時法國毛紡織業中占有重要的位置。高德理是一個貪得無厭的人，他設立各種名目搜刮琅城的財富。

琅城大乘法寺廟

　　琅城的市民為了擺脫高德理的統治，在12世紀初湊足了贖金，向高德理和國王路易六世買回了城市的自治權。但是，不講信用的高德理，把錢揮霍完以後又宣布取消琅城自治。琅城市民聽到這個消息異常憤怒：既然跟你講不通道理，那我們也只能用武力解決了。他們於1112年發動了琅城起義，還成立了「公社」，最後將高德理等人殺死。高德理死後，路易六世和法國北部的封建領主派軍隊進入琅城，強行取消了公社。不過琅城的居民一直堅持抗爭，1128年，路易六世不得不同意琅城建立公社，實行自治。此後，琅城居民一直實行自治，琅城公社存在了兩百多年。

　　琅城起義在客觀上促進了封建自然經濟進一步解體，也促進了工人階級的壯大和勞動階級的產生；在主觀上，琅城起義促使人民的生活水準得以提升，提升了自由勞動力，推動了生產力的發展和生產關係的變革。

《自由大憲章》（西元1215年）

　　歐洲中世紀的政治主題是中央王權與地方貴族和天主教的抗爭，英國當時的情況更加複雜。中世紀時，英國國王權力非常大，不僅人民沒有人權，而且上層統治階級的權力也受到諸多限制。那些貴族也不過是

國王的奴僕而已，有時連自己的家務事都沒有決定的權力，例如家中女子的婚姻大事等。國王權力過大，損害了貴族的權益，為了爭取自己的權利，英國貴族也加入了反對王權、爭取人權的隊伍。

諾曼第公爵威廉

諾曼第公爵威廉征服英國後，為了加強自己的統治地位，獲得各階層人民的支持，他於西元1066年簽署了「王冠憲章」，答應將一定的權利還給臣民。威廉宣布，要把國王的一切還給人民，強調禁止各種掠奪、暴力和不公平審判。

「王冠憲章」讓貴族的抗爭有了依靠，也有了明確的目標，他們為了自己的權利，一直堅持著。西元1100年，國王亨利一世不得已頒布了「亨利憲章」〔《自由憲章》(Charter of Liberties)〕。「亨利憲章」明確了教會的自由，保證了貴族的繼承權，還限制了國王在控制貴族家庭女子方面的權力。

這一切都為自由大憲章的誕生鋪平了道路。西元1199年，英王約翰(John I)繼位。約翰沒什麼能力，在對外戰爭中喪失了其大陸部分的領

地，因此被稱為「無地王」(Lackland)。為了奪回被搶走的土地，他打破原有的封建習慣，開徵各種稅收雜捐，最終引起了英國貴族的反抗。英國貴族為了保護自己的利益，跟市民階層聯合起來進行武裝反抗。

西元1215年年初，北方各地的貴族開始在史丹佛聚集，然後向北安普敦推進，伯拉克利帶領大貴族公開表示不再向國王行效忠禮，於是戰爭爆發。後來，貴族祕密進入倫敦，在廣大市民的支持下，國王被迫與英國大封建貴族簽訂了《自由大憲章》(Magna Carta)。

《自由大憲章》的內容包括：給予教會選舉教職人員的自由；貴族和騎士有領地繼承權，國王不得違例徵收領地繼承稅；如果沒有貴族、教士和騎士組成的「王國大會議」的同意，國王不得向直屬附庸徵派補助金和盾牌錢；取消國王干涉封建主法庭從事司法審判的權力；未經同級貴族的判決，國王不得任意逮捕或監禁任何自由人或沒收他們的財產等等。

簽訂《自由大憲章》

《自由大憲章》是英國憲政之母，展現了歐洲文藝復興的人文精神。後來《自由大憲章》的精神又傳到了北美的殖民地，其人權思想影響了那裡的人，激勵著他們為自由而戰。

巴黎大學（西元 1257 年）

　　巴黎大學，世界上最古老的大學之一，坐落在法國美麗的城市巴黎。巴黎大學以前叫索邦神學院，該神學院修建於 1257 年，是由一位名叫羅伯特·索邦（Robert de Sorbon）的人捐助的，西元 1261 年才正式改名為巴黎大學。

　　巴黎大學被譽為「歐洲大學之母」，最早可追溯到西元 1150 年～1160 年，它的歷史比牛津大學和劍橋大學還早。13 世紀時，巴黎大學的學生已經破萬，很多都來自鄰國。那時英國還沒有大學，有名的英國學者都在巴黎大學工作。後來英法兩國的關係惡化，所有英國學者都被驅逐出境，這些被驅逐的英國學者創立了牛津大學和劍橋大學。

　　巴黎大學與教宗和國王在很長時間內都有著特殊的關係。17 世紀，宰相黎希留（Richelieu）當選巴黎大學的校長，他讓巴黎大學有了神速的發展，從而奠定了巴黎大學的國際聲望。後來受到拿破崙教育改革的影響，巴黎大學於 1793 年被撤銷，直到 1896 年才獲得重建。

　　自歐洲文藝復興以來，巴黎大學在自然科學、人文學科、藝術、經濟、法學、醫學、心理學等很多領域都獲得了極大的發展，並成為世界頂級的大學，同時也成為歐洲大學辦學的楷模。到 1960 年代，巴黎大學已經成為一所超級大學。

　　1968 年，法國政府對學校進行改革和調整，於 1971 年將巴黎大學按學科和專業劃分成 13 所大學，即巴黎第一至第十三大學。

阿維農之囚（西元 1305 年）

　　西元 1294 年，博尼法斯八世（Bonifatius VIII）當上了羅馬教宗，他專橫跋扈，唯教權至上。與此同時，一些統一的民族國家也開始在歐洲

興起,王權也得到加強,法國就是其中的翹楚。雄心勃勃的法蘭西國王腓力四世(Philippe IV)在兼併許多土地後,想把整個法蘭西劃入自己的勢力範圍,但是羅馬教宗嚴重阻礙了腓力四世的計畫。一場大戰在強大起來的王權與專制的神權之間醞釀。

當時,由於法國連年發動戰爭,導致軍費開支巨大,為了彌補軍費開支,腓力四世將主意打到富得流油的教會身上,他決定向神職人員徵稅。在這之前,法國神職人員只向教宗交稅,而教會一直享有免稅特權,這一決定大大損害了教宗的利益。

西元 1296 年,教宗博尼法斯八世頒布了一道教宗令,提出教會享有免稅特權,教宗沒有向國王交稅的必要,沒有教宗特許,國王不得向教士徵稅,教士也不必向國王交稅。

這道教宗令惹惱了腓力四世:本來權力受教宗限制已經很不滿了,現在連稅都不交。於是他立刻釋出一道命令:未經國王允許,不得把法國的金銀、馬匹、貨物等輸往國外。雖然這裡面根本沒涉及教宗的利益,但是其實就是禁止法國的諸侯、教士向教宗納貢,從而斷了教會在法國的財政來源。沒辦法,博尼法斯八世只能同意腓力四世向教會徵稅。

法國阿維農

第一個回合就取得勝利的腓力四世，怎麼甘心就此結束？他還想獲得更大的權力，而博尼法斯八世對之前的失敗也不甘心，他也在等待機會。

西元1301年，聽到腓力四世想頒布法令限制教會的權力，博尼法斯八世派出法國的大主教前去阻止。因為有教宗在背後撐腰，大主教對腓力四世毫不客氣地指責起來。這激起了腓力四世的怒火，他下令把大主教抓起來丟進監獄。聽到這個消息，博尼法斯八世非常生氣，他連發三道通諭，強烈譴責腓力四世對教會的不敬，令其歸還大主教，並宣布教會不再向國家交稅。

腓力四世根本沒把教宗放在眼裡，他不僅當眾燒毀了通諭，還首次召開三級會議，聯合貴族和市民，一起向教士施壓，讓他們對國王效忠。他還向教宗申明，教宗不得干涉法國的內政。

面對王權的威脅，博尼法斯八世頒布了一道「聖一至聖」（Unam sanctam）教諭。這是那個時代天主教最為著名的教諭，此外還宣布廢除腓力四世的教籍。腓力四世也不甘示弱，他列舉了博尼法斯八世的29條罪狀，包括傳播異端邪說、出賣神職、殘害前任教宗策肋定五世（Caelestinus V）等，以國王的名義對教宗進行了審判，並派出軍隊到羅馬逮捕教宗。

腓力四世

世界中古史（西元 476 年~1640 年）

西元 1303 年，博尼法斯八世正在召開怎麼懲罰腓力四世的祕密會議，這時一批法國士兵衝了進來，聲稱是奉法國國王的旨意，讓教宗到法國接受審判。博尼法斯八世看到這麼多法軍，嚇得瑟瑟發抖，就連胸前的十字架也抖個不停。

雖然最後博尼法斯八世被營救了出來，但由於驚嚇過度及氣憤難忍，不久就絕望地死了。博尼法斯八世死後，人們戲稱他：「爬上教宗位子的時候像狐狸，行使職權的時候像獅子，死的時候卻像條狗。」

這次與教宗的抗爭，腓力四世大獲全勝。西元 1305 年，腓力四世任命法國波爾多大主教為教宗，即克萊孟五世（Clemens V）。新教宗長期待在法國，後來直接將教廷也遷到法國阿維農，於是人們將這稱之為「阿維農之囚」。

「阿維農之囚」結束了教權凌駕於王權之上的歷史。加之 100 多年以後的文藝復興、宗教改革和科學發展，讓教權再也沒有機會與王權相抗，教權從此開始衰落。

鄭和下西洋（西元 1405 年）

朱元璋推翻了強大的元朝後，建立了明朝，即位後他開始推行改革，制定律法，促進了社會的穩定。西元 1399 年，燕王朱棣以「清君側，靖內難」為名發動了「靖難之役」。經過 4 年的戰爭，最後攻下國都應天（今南京），奪取了皇位，帝號明成祖，改年號為永樂。

明成祖奪取皇位時，明朝已經建立了 30 多年，農業、經濟已經恢復，礦冶、紡織、陶瓷、造紙、印刷各方面都有所提升。還有造船業的發達、航海技術的進步、航海經驗的累積、航海知識的提升，以及中國海外貿易的發達，再加上當時蒙古人已經對明朝邊境構不成直接威脅

等，這都為鄭和下西洋做好了一切準備。

西元 1405 年（明永樂三年），明成祖命鄭和為使者，率領 200 多艘海船和近 3 萬人，從南京出發，開始遠航西太平洋和印度洋。

鄭和艦隊順風南下，到達了爪哇島上的麻喏巴歇國（也稱滿者伯夷，Majapahit，即今爪哇王國）。正趕上麻喏巴歇國內亂，鄭和的船隊上岸做生意時被西王誤解為來援助東王的，被誤殺 100 多人。將士紛紛請戰，但是鄭和肩負永樂皇帝的祕密使命，擔心一旦開戰，會引起沿路西洋各國的恐懼，以為明朝是來侵略的。後又得知這是一場誤殺，於是化干戈為玉帛，從此兩國和睦相處。

鄭和雕像

鄭和的船隊規模龐大，光人數就過萬。據《衛所武職選簿》記載，這些船隊主要來自沿海各衛所，並且根據海上航行和軍事組織編制，在當時堪稱一支實力雄厚的海上機動編隊。

鄭和船隊人員根據下西洋的任務分為五個部分：指揮部分、航海部分、外交貿易部分、後勤保障部分、軍事護航部分。指揮部分的主要任務是對航行、外交、貿易、作戰等進行指揮決策，鄭和的職務是欽差正使總兵太監；航海部分主要包括航海業務、修船、預測天氣等；外交貿

易部分包括外交禮儀、進行貿易、聯繫翻譯等；後勤保障部分包括管理財務、後勤供應、起草文書、醫務人員等；軍事護航部分負責航行安全和軍事行動。從這完善的、嚴密的編制中可以看出古代中國人民豐富的航海經驗，這也是鄭和下西洋取得成功的關鍵。

從西元1405年到1434年，鄭和先後7次下西洋。航線從西太平洋穿越印度洋，直達西亞和非洲東岸，拜訪了30多個國家和地區，目前已知最遠到達東非、紅海。

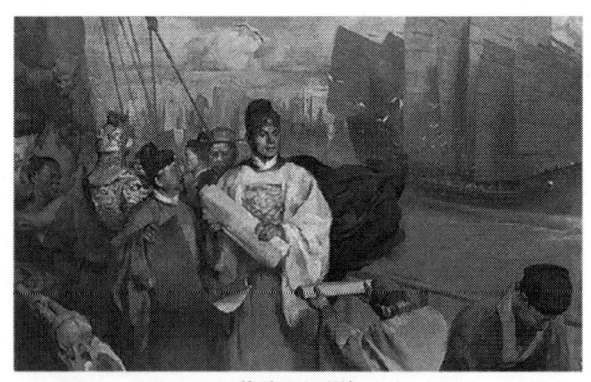

鄭和下西洋

在世界航海史上，鄭和開闢了貫通太平洋西部與印度洋等大洋的直達航線。這是中國和世界航海史上一個極其重要的事件，鄭和也因此被國際上公認為世界歷史文化名人。

透過鄭和的幾次下西洋，明朝政府與海外各國有了更多的連繫。鄭和在航行路上向海外各國傳播了先進的中華文明，加強了東西方文明之間的交流。

附錄：第七章參考文獻

[1] 斯塔夫里阿諾斯。全球通史 [M]。北京：北京大學出版社，2006。

[2] 坂本太郎。日本史 [M]。北京：中國社會科學出版社，2018。

[3] 詹姆斯·布賴斯 (James Bryce)。神聖羅馬帝國 [M]。北京：商務印書館，2016。

[4] 勒內·格魯塞。東方的文明 [M]。常任俠，袁音譯。北京：商務印書館，2017。

[5] 羅伯特·福西耶。劍橋插圖中世紀史 [M]。濟南：山東畫報出版社，2018。

[6] 陳良。大憲章的誕生 [J]。文史天地，2017(8)。

世界中古史（西元 476 年～1640 年）

第八章　封建社會的輓歌

在封建制度下，社會階層是封建主和農民（或農奴）階層。在這個金字塔式的森嚴等級下，農民（或農奴）生活貧困，無政治權利，他們與封建主之間的衝突十分尖銳。當忍無可忍時，農民就會發動起義。雖然很多起義都失敗了，但也對封建統治者造成了沉重的打擊，喚醒了廣大農民對封建主進行反剝削抗爭的社會覺悟。

義大利多里奇諾起義（西元 1303 年）

中世紀的義大利，長期處於四分五裂的狀態，各地的經濟發展極不平衡。那些處在地中海沿岸的國家，14 世紀已經開始了資本主義的萌芽，但是北部的薩伏依（Savoy）、皮埃蒙特（Piedmont）等地還是腐朽的農奴制。北部的義大利農民，依然遭受著殘酷的農奴制的剝削，受到以教宗為首的羅馬天主教會的壓榨。

西元 1260 年，農民出身的悉加列利（Gerard Segarelli）創立了使徒兄弟會，反對教會的壓迫，主張解放農奴、財產公有、廢除教宗統治，以及教士可以婚娶、同派信徒之間以兄弟姊妹相稱，過清貧的生活等，其影響逐漸擴大。1300 年，悉加列利帶領農民武力反抗封建主，不過很快被鎮壓下去，悉加列利也被燒死。

雖然悉加列利不在了，但他的思想被門徒多里奇諾繼承。多里奇諾提出理想王國的設想，他說一切罪惡的根源就是因為有私有財產的存在，他還預言一個沒有私有財產的「千年王國」即將到來。他說想要「千年王國」到來，被壓迫者只有武力反抗教會和富人才能實現，很多農民都贊同他的觀點。

西元 1303 年，義大利北部的皮埃蒙特地區的農民揭竿而起，在多里奇諾的領導下，組成大約 6,000 人的起義隊伍。當起義者占領阿爾卑斯山後，附近的農民紛紛來投奔，於是起義軍決定在這裡建立自由的農民公社。他們搗毀了附近的教堂，破壞了莊園，多次擊退封建主軍隊的進攻。

皮埃蒙特

西元 1305 年，教宗克萊孟五世調十字軍前來鎮壓，面對裝備精良，數量眾多的正規軍，起義者只得撤回阿爾卑斯山區，一邊修建防禦工

事，一邊繼續頑強地抵抗。後來，十字軍將這一地區包圍起來，並趕走了支持起義者的農民，想要用飢餓來逼迫起義者投降，但英勇的起義者寧可戰死、餓死也絕不屈服。

西元1307年3月，十字軍攻破了起義者的防線，多里奇諾率領起義者與十字軍決一死戰。決戰中，千餘名起義者英勇戰死，多里奇諾及他的妻子瑪格麗特也被俘。4月2日，他們二人在殘酷的刑訊之後被燒死，起義最後以失敗告終。

多里奇諾起義雖被鎮壓，但起義者頑強的抗爭精神和寧死不屈的英雄氣概，激勵無數後來者。這次起義是西歐各國大規模農民起義的先聲。

跛子帖木兒（西元1336年～1405年）

埃米爾帖木兒（Timur），西元1336年生於撒馬爾罕以南的渴石（今沙赫里薩布茲 Shahrisabz）。他是名門之後，其祖先做過察合臺汗國的大臣，其父是蒙古的一個首領。帖木兒家族為巴魯剌思部，屬於尼倫蒙古部族。雖然帖木兒是突厥化的蒙古人，但是由於渴石一直保留著波斯文化，所以帖木兒在文化意識上傾向於波斯文化。

西元1362年，面對貴族的欺壓，帖木兒帶領家鄉的人民起來反抗察合臺蒙古貴族的統治。一次與蒙古人作戰時，他被打成了跛子，因此敵人稱之為「跛子帖木兒」。後來，帖木兒為了鞏固自己的政權，與西察合臺汗國聯姻，娶了西察合臺汗國可汗的公主為妻，成了西察合臺汗國的駙馬，所以又稱為「駙馬帖木兒」。

西元1364年，駙馬帖木兒投靠了西察合臺汗國王族忽辛，並幫助王族忽辛成為大汗。5年後，1369年，帖木兒殺死了情同手足的忽辛大汗，

滅了西察合臺汗國，以駙馬爺的身分宣稱自己的合法繼承地位，建立帖木兒帝國。

建立帖木兒帝國後，帖木兒首先恢復了西察合臺汗國的秩序與疆土（也就是征服中亞河中地區），並透過7次征伐東察合臺汗國，將其納入疆土，然後進一步向周邊地區擴張。驍勇善戰的帖木兒，隨後征服東伊朗、花剌子模，西元1393年征服西波斯，而後北上進攻金帳汗國。1398年又擊敗了發展勢頭正旺的鄂圖曼土耳其，侵略的腳步直達愛琴海。1399年西征小亞細亞，1402年攻破奧斯曼帝國，最終建立了一個疆土僅次於蒙古帝國的強大帝國。

帖木兒雕像

帖木兒帝國領土廣闊，是繼成吉思汗之後，重新建立的一個以首都撒馬爾罕為中心的帝國，從中亞向四面八方輻射出去，領土遠達波斯、北印度及俄羅斯，通往首都薩馬爾罕的路，被譽為一條「黃金之路」。

野心極大的帖木兒還想攻打中國，一次他在各國使者面前，指著被扣押的明朝使節大喊道：「你們的豬可汗叛父害姪，簡直是一個大渾蛋！我要去討伐他！」西元1404年11月，帖木兒率領20萬大軍一路向東，準備攻打大明。只是讓人意外的是，1405年2月，帖木兒在東征的路

上，在訛答剌（Otrar）病死了，一場兩大世界強國之間的巔峰對決就此戛然而止。

帖木兒時期器物

帖木兒一生征戰 40 餘年，從沒敗過，堪稱打遍天下無敵手，甚至在 600 年後的今天，也沒有人敢對他不敬。在帖木兒墳墓的大門上刻著「吾復生之時，世界將膽顫心驚」的話，在其棺材蓋上還刻著另外一句話：「擾我安息，必遇厄運。」

歐洲黑死病的陰霾（西元 1348 年）

西元 1338 年左右，在中亞草原地區發生了一場大旱災，旱災之後又發生了其他災難，最終，該地區爆發了瘟疫。這場瘟疫隨著人流向外四處傳播，最後在一個非常不起眼的小城市──加法爆發。

西元 1344 年，蒙古人建立的金帳汗國（又稱欽察汗國）決定從熱那亞人手裡奪回克里米亞半島的港口城市──加法。1345 年，蒙古軍隊將一群義大利商人和東羅馬帝國的守軍圍困在加法城內，不過由於加法城牆的堅固和守軍的頑強抵抗，蒙古大軍一時難以攻克，圍困整整持續了一年。

這時蒙古軍中瘟疫開始蔓延，造成了大批士兵死亡。為了打破這一僵局，蒙古人決定採用他們的新「武器」，把那些因感染瘟疫身亡的蒙

第八章　封建社會的輓歌

古士兵的屍體用投石車發射到加法城中。很快，加法城內到處堆滿了死屍。面對這些正在腐爛的屍體，義大利人不知道該怎麼處理。幾天以後，加法城裡爆發了恐怖的瘟疫。

很多患者開始時出現寒戰、頭痛等症狀，然後開始發熱、昏迷，接著皮膚大面積出血，身長惡瘡，最後呼吸衰竭；這些患者大多兩三天，或者四五天，就紛紛死亡。死後屍體的皮膚常呈黑紫色，於是人們將這種可怕的瘟疫稱為「黑死病」。

不到幾天時間，加法城裡的人便紛紛喪命，街道兩邊堆滿身上長滿惡瘡、黑斑的屍體。一座繁華的城市，轉眼間便成了人間地獄，僥倖活下來的少數人一個個蒙著黑紗向城外逃去，這時城外的蒙古大軍已經悄悄退走。

這些尚沒有染病的加法人趕緊登上幾艘帆船，踏上了返回祖國——義大利的路程。沒人知道，傳播瘟疫的罪魁禍首——老鼠和跳蚤，早已爬上帆船的纜繩，藏進貨艙，跟隨這些逃生者一起向歐洲大陸漂泊。

此時歐洲大陸已經得知加法城被黑死病籠罩的消息，各國都人心惶惶。當這支船隊回到歐洲時，沒有一個國家敢接收他們，所有的港口都拒絕他們登陸。當船隊孤零零地漂泊在地中海上時，又有一些水手陸續死去。

西元1347年，只剩一艘船倖存於世，當這艘船航行到義大利西西里島的墨西拿港時，船上的人用大量的珠寶買通了當地的總督，並宣告他們並沒有感染，才被允許登岸。雖然當地人對船隻採取了隔離措施，但是老鼠和跳蚤已經順著纜繩爬上了岸，潘朵拉的盒子已經開啟。

不到一個星期，黑死病便在西西里島傳播開來，然後開始橫掃整個義大利。面對突然降臨的瘟疫，人們無法解釋，更無法治療。人們開始

用禱告來祈求上天的保佑，只是上帝好像沒有聽到他們的聲音，人反而越死越多，沒人能逃過此劫。人們開始懷疑，這場瘟疫是上帝的懲罰，人類是無法抗爭的。

人們發現，一旦染上這個病，幾乎沒有康復的可能，並且病的傳播速度非常快，感覺一個病人就足以傳染全世界。害怕之下，人們甚至把仍然活著的染病者房間的門和窗全部用木板釘起來，不惜讓他們餓死在裡面。

即使這樣，黑死病也沒有放過歐洲的任何一個角落。瘟疫所到之處，不分階層、無論貴賤，沒有人能逃脫死亡的威脅，它甚至開始向歐洲的近鄰──中東和北非蔓延。經過一系列瘟疫的打擊，歐洲的人口銳減。具體死亡的數字沒有準確的統計，後世一般估計為 2,500 萬，約占當時歐洲人口的三分之一。

法國札克雷農民起義（西元 1358 年）

西元 1358 年 5 月 21 日，原本應當在田間勞作的法國農民突然群情激憤，在一位名叫吉約姆·卡爾的青年帶領下，打出「消滅一切貴族，一個不留」的口號，圍攻巴黎。就這樣，法國歷史上規模最大的農民起義──札克雷起義爆發，轟動整個歐洲。札克雷源自「呆札克」，意為「鄉下佬」，是當時貴族對農民的蔑稱。

14 世紀初，法國社會曾無比繁盛，然而隨著英法百年戰爭爆發，法國北部地區遭到沉重打擊，經濟水準迅速下降，同時流行歐洲的黑死病也乘虛而入，導致全國近三分之一的人不幸去世。更要命的是，由於戰爭失利導致消費激增，封建貴族們的財政狀況迅速惡化。為繼續維持自己的奢靡生活，貴族們絲毫不顧勞動力缺失、貨幣貶值等種種不利因

素，無節制地提高地租，並額外增加大量賦稅，讓底層農民的生活越發艱辛，這為日後爆發的起義埋下禍端。為擺脫農奴制和勞役制的剝削，法國農民開始以實際行動謀求人身解放。

英法百年戰爭

西元 1356 年，因黑死請病假戰 10 年的英法兩國再起衝突。同年 9 月，兩軍會戰於普瓦捷（Poitiers），法蘭西國王約翰二世（Jean II）被俘，王儲查理遂上臺接管國政。為籌集軍費和鉅額贖金，查理王儲下令增加稅收，引起了巴黎市民的強烈不滿，暴怒之下，成群結隊的市民將其趕出巴黎。為鎮壓巴黎市民的暴動，查理徵召農民參與鎮壓行動，並設法籌集軍餉，不料這一命令又得罪了底層農民。

在吉約姆・卡爾的鼓動下，農民們聯合起來，攻打貴族領主的宅邸領地、燒毀帳簿田契。毫無綱領計畫的起義軍越戰越勇，隊伍迅速壯大起來，並將大批城市貧民吸收入伍。與此同時，巴黎市內的商人領袖艾頓・馬塞也領導著各階層市民進行起義。隨著起義聲勢日益浩大，就連貧苦教士和底層騎士都參加了這場席捲巴黎、畢伽第和香檳等地的大起義。

在這場起義過程中，屬博韋地區（Beauvais）的起義規模最大、最正規。該地區的領導者是軍事經驗豐富的吉約姆・卡爾，他手下有近 6,000

名士兵。他將每 10 個人編為一個小隊，10 個小隊再合編為一個中隊，各中隊長直接由吉約姆·卡爾指揮。有作戰經驗的吉約姆·卡爾不僅清楚農民在起義過程中的重要性，還深知市民階層對起義活動的作用巨大。為此，他想方設法與巴黎市的起義領袖艾頓·馬塞取得聯繫。

然而無論是在巴黎還是桑利斯，富裕的市民都沒有接納農民代表團。雖然許多掌握城市管理權的市民對王儲的命令置之不理，有意縱容著農民起義，但這並不代表他們能接受農民的合作請求，其行為不過是為了向王儲施壓，以減少自身應繳納的稅收。市民階層害怕自己的地位和財產蒙受損失，因此在縱容農民起義的同時也阻礙著起義勢力的發展。

法國桑利斯

當統治階級釋放善意後，中上階層的市民們迅速退出起義隊伍，只有貧苦市民還在堅持，他們對農民伸出援手，在博韋和其他小城市以實際行動支持起義者。但是貧苦市民自己在城市中就沒什麼地位，還得依靠別人，又有什麼能力決定城市的政策？所以對起義軍的幫助也甚微。

除了面臨統治者和市民階級的雙重絞殺，起義軍還遭受著外國勢力的聯合打擊。戰爭初期，貴族們被氣勢洶洶的起義軍嚇得不知所措，這讓吉約姆·卡爾等人獲得了巨大成功。然而，反應過來的貴族們迅速行

動起來，並利用姻親關係等從其他國家搬來援兵。例如曾想利用法蘭西國王被俘之機謀取王位的納瓦拉國王「惡人」查理，以及還在英法戰爭中與法國軍隊打得不可開交的英國封建主，都派兵來幫法國統治階級鎮壓這場起義。

札克雷起義

就這樣，札克雷起義最終失敗了。究其原因，主要有三個方面：第一，起義軍缺乏強而有力的領導組織和明確的戰鬥綱領，因而喪失了獨自作戰和長期堅持的可能性。雖然起義軍的高昂鬥志和強大陣容，一度令反動勢力不敢輕舉妄動，然而卻因輕信統治者的謊言，起義領袖中計被「惡人」查理扣押。農民起義軍突然間群龍無首，被貴族們逐個擊破。第二，起義軍缺乏可靠的政治盟友。由於巴黎市民起義的領導者艾頓·馬塞採取了與城市富裕市民階層相同的立場，全然不顧起義軍的請求，將前期用以支援起義軍的部隊調回，使起義軍徹底暴露在裝備精良的敵人面前。第三，跨國貴族的聯合作戰和陰謀詭計，令純樸老實的農民起義軍遭受沉重打擊。6 月 8 日至 24 日，統治階級對各地農民進行血腥鎮壓，先後屠戮 2 萬餘人，最後唯恐沒人替他們收割農作物才勉強停手，而起義領袖吉約姆·卡爾也被統治階級綁了起來，在眾目睽睽之下用酷刑處死。

雖然札克雷起義最終失敗了，卻給予法國封建統治者沉重的打擊。該起義喚醒了廣大農民反抗剝削的意識，讓他們意識到擺脫人身依附的重要性，所以在歷史上留下了光輝的印記。同時，該起義也豐富了法國人民進行武裝抗爭的經驗。事實上，這些經驗也為歐洲其他反封建運動所吸取——例如後來在英國爆發的羅伯特・凱特起義。

英國農民起義

英國瓦特・泰勒農民起義（西元 1381 年）

11 世紀，英國確定封建制度以後，社會資源分配得極不公平，國王和大小封建領主掌握著全部土地和資源。他們不僅控制著國家的經濟命脈還控制著政治資源。這一時期，占英國人口總數絕大部分的農民生活在水深火熱之中，處境十分悲慘。

13 世紀以後，英國的手工業和商業逐漸發展起來，一些封建貴族為了購買手工業品和奢侈品，為了便於進行貿易，迫切地需要貨幣，於是開始流行貨幣地租。封建貴族為了獲得更多貨幣，不斷加重剝削，使得農民的負擔越來越重。14 世紀，很多農民不僅要負擔沉重的地租，還要受到商人

和高利貸者的剝削。貨幣地租的流行，將農民推向了更加貧困的深淵。

從西元 1348 年開始，黑死病又在全英國蔓延，英國死於這場瘟疫的人數約占總人口的三分之一（又有說二分之一）。這讓英國人口銳減，農村勞動力匱乏，社會經濟瀕臨破產，物價飛漲。於是城中的幫工、學徒及農村的僱工要求增加薪資，以維持最低生活水準。

英國政府卻在西元 1349 年頒發敕令，規定凡是 60 歲以下沒有土地或其他收入來源的成年男女，必須受僱於需要其做工的人，並且薪資一般不得超過瘟疫流行前的標準，支付高額薪資的雇主和接受高額薪資的工人都要受罰。1351 年又頒布了一項「勞工法案」，規定破壞僱傭法的工人要戴枷坐牢，雇主則處以罰金。1361 年再次頒布新法令，規定擅自離開雇主的工人不但要坐牢，而且要用烙鐵在身上烙下烙印。

英國黑死病暴發時情景

無數人民深受勞工法案之苦，反抗的怒火一觸即發。同時，因長期對法戰爭而徵收的人頭稅，也讓人民苦不堪言。西元 1377 年，新法令又規定凡是 14 歲以上的男女每人都必須繳納 4 便士的人頭稅。1379 年繼續徵收，到了 1380 年稅額漲了 3 倍，這樣沉重的負擔簡直讓人民無法再活下去。

沉重的稅賦壓得農民喘不過氣來，西元 1381 年 5 月，英國南部的埃

世界中古史（西元 476 年～1640 年）

塞克斯郡和肯特郡的人奮起反抗。起義的民眾殺死了幾個民憤很大的稅吏，釋放出那些觸犯勞工法或者沒交人頭稅的無辜人民。在瓦特·泰勒(Walter "Wat" Tyler)的領導下，武裝抗爭拉開了序幕。瓦特·泰勒出生於埃塞克斯郡（一說肯特郡），他聰敏並且有組織能力，參加過英法戰爭，通曉軍事，驍勇善戰。

起義很快遍布全英格蘭，以埃塞克斯和肯特兩郡的人民為主，全國有 25 個郡的民眾都拿起武器加入抗爭，他們喊著口號向倫敦進軍。西元 1381 年 6 月，瓦特·泰勒率領 10 萬起義大軍進攻倫敦。6 月 13 日，在倫敦市民的幫助下，起義軍進入了倫敦城，國王查理二世和其他封建領主紛紛逃到了倫敦塔中，起義大軍控制了倫敦城。

6 月 14 日，起義軍跟國王談判，他們要求國王取消農奴制，赦免起義人員，同時要開通國內銷易，規定每畝土地只收 4 便士的稅，以防封建領主再無限制地剝削人民。為了擺脫眼前的困境，狡猾的國王假裝同意了人民的要求，於是一部分起義者就此散去。但是來自肯特的貧苦百姓並不滿足，他們提出了更多的要求，談判陷入僵局。這時，倫敦市長沃爾沃思突然帶領國王的隨從對起義軍發起了猛烈攻擊，殺死了瓦特·泰勒。

農民爭取權利

瓦特·泰勒死後，起義軍群龍無首，很快陷入了混亂，起義形勢急轉直下。趁此機會，封建反動勢力開始瘋狂反撲，起義的百姓都倒在了血泊中，瓦特·泰勒起義以失敗告終。

瓦特·泰勒農民起義（Peasants' Revolt）雖然失敗了，但在英國歷史上留下了不可磨滅的功績。這次起義震撼了英國大地，重創了封建農奴制。大量農奴透過長期的英勇抗爭，最終掙脫封建貴族的束縛，成為自耕農民，罪惡的農奴制度逐漸解體，使得英國社會經濟的發展進入了一個新的歷史階段，並孕育出資本主義的萌芽。

聖女貞德（西元 1412 年～ 1431 年）

英法百年戰爭讓法國人民遭受了很多苦難，到了西元 1429 年，幾乎整個法國的北部，以及西南方的一部分地區，都在外國的控制下。此時，一個有望拯救法國的英雄出現了，她就是被法國人民世代傳頌的奧爾良姑娘——聖女貞德（Joan of Arc）。

西元 1412 年，貞德出生於法國香檳-亞爾丁大區和洛林大區邊界的一個叫棟雷米的村莊，她家擁有大約 50 英畝土地，並經營一座農場，她的父親還擔任了村莊裡一個不太重要的職務，負責收集稅金並看守村莊。

小時候的貞德是個普通的女孩，她沒上過學，也不識字，整天牧羊。

在貞德 16 歲時，她請求親戚帶她一起前往當地的駐防部隊，希望那裡的指揮官帶她去找王儲，但是當時的指揮官並沒有同意。貞德沒有放棄，第二年又來找當地的指揮官，她說出了一些有關戰情的預測，後來獲得了前線的證實。於是指揮官同意護送她前往王儲所在地——希農（Chinon）。

到達希農後,貞德受到了查理七世(Charles VII)的接見。這時查理七世的岳母籌集到一筆資金,準備發動一起解救奧爾良的遠征行動。貞德接受了其他人捐贈的盔甲、馬匹、劍和旗幟,參加了這次遠征。西元1429年4月29日,貞德的軍隊到達戰場。

到達戰場後,當時的指揮官在沒有告知貞德的情況下,自行制定了作戰計畫,並展開作戰。貞德知道後很生氣,不同意指揮官的計畫,她主張直接攻擊英軍。貞德投入了每一場戰鬥,她的武器只有一把劍和一面旗幟。在戰鬥中,她一手舉著旗幟,一手舉著劍,衝在隊伍的最前面。她和她的旗幟出現在哪裡,士兵就跟隨到哪裡。她常常在戰場上作出最明智的決策,帶領士兵取得了一次又一次勝利。

聖女貞德雕像

經過多次拚殺,貞德和她的部隊來到了奧爾良城下。守城的法軍不相信這個女孩能帶兵打敗英軍,不肯開城迎接,有的甚至說她是巫女。貞德也不申辯,她巡視一周後,發現城的另一邊還有一座堅固的英軍堡壘,於是便指揮法軍去攻擊那個敵堡。她躍過深壕,架起雲梯,高舉著她的旗幟爬上城堡。守城的法國官兵親眼看到這一切後,非常感動,立

即開啟城門與他們一起出擊，最終被英軍圍困長達 209 天的奧爾良解圍了。捷報傳開，整個法國一片歡呼。

奧爾良戰役

奧爾良戰役的勝利，徹底扭轉了法國在整個戰爭中的危險處境，此後，戰爭開始朝著有利於法國的方向發展。接著，貞德又帶領法軍收復了許多北方領土，並參加了在蘭斯大教堂舉行的查理七世的加冕禮。當時查理七世要封她為貴族，但貞德拒絕了，她只請求免除她出生村子的賦稅。

隨著貞德影響力的增加，宮廷貴族和查理七世的將軍們感到了害怕。西元 1430 年，在康邊城附近的戰鬥中，貞德被封建主故意關在城外導致被俘，最後被以 4 萬法郎賣給了英國人。1431 年 1 月，在盧昂展開了由英格蘭主導的對貞德的審判，貞德寧死不屈，她說：「為了法蘭西，我視死如歸！」

西元 1431 年 5 月 30 日，貞德遭受酷刑之後被活活燒死，骨灰也被扔進塞納河中。貞德大無畏的精神激起了法國人民的愛國熱情。1436 年法軍攻取巴黎，1441 年收復香檳，1450 年奪回曼恩和諾曼第，1453 年又收復基恩。1453 年 10 月 19 日，英軍在波爾多投降，戰爭至此結束。

聖女貞德之死

　　從拿破崙開始，聖女貞德時常被認為是法國民族主義的象徵，後來法國規定每年5月的第二個星期日作為紀念貞德的全國假期。拿破崙認為貞德是法國的聖女，她展現了人類的善良和勇敢，還有那不可征服的勇氣。

君士坦丁堡的陷落（西元1453年）

　　君士坦丁堡是座已有千年歷史的老城，自建城以來就以易守難攻著稱。它三面環海的有利地形，讓數代希臘羅馬君主們花費了很大力氣營建防禦設施。

　　君士坦丁堡的城牆，高12公尺，厚度5公尺，設有雙側結構，也就是在內牆之外的15～20公尺，還有矮一截的外牆防禦，並且還配備著96座對應的高18～20公尺的防禦塔樓。這些六角形或八角形的防禦塔樓，彼此間隔55公尺，恰好是古代大部分弓弩的有效射程。這樣，攻占其中任何一座的敵人，都可能面臨至少兩座鄰近塔樓的密集火力壓制。

　　在攻城火炮成熟之前，君士坦丁堡的防禦幾乎是無懈可擊的。

15 世紀初，拜占庭帝國開始衰落，最後只剩下首都君士坦丁堡及其附近的若干城市。

西元 1453 年，鄂圖曼帝國蘇丹率領步兵 7 萬多、騎兵 2 萬多、戰艦 320 艘，從海陸兩面攻打君士坦丁堡，他想一舉拿下君士坦丁堡，徹底滅亡拜占庭帝國。為此，鄂圖曼人特意僱用了一位會製造大砲的工程師，製造出一種巨型大砲。這種大砲長約 8 公尺，直徑約 75 公分，可發射 544 公斤的砲彈到 1 英哩遠的地方。當時君士坦丁堡內的駐軍僅 9,000 人左右，海上也僅有一支 20 多艘大帆船組成的艦隊，他們也有大砲，但是比鄂圖曼的小，並且開炮時產生的後座力會損壞自己的城牆。

君士坦丁堡

4 月，土耳其軍隊開始從西面發動強攻。他們用火炮、攻城槌和投石器凶猛地攻擊城牆，填平壕溝，架設雲梯，還在城牆下挖掘坑道。但是在皇帝君士坦丁十一世帕萊奧洛格斯（Constantine XI Palaiologos）的帶領下，君士坦丁堡的軍民一次次打敗了敵人瘋狂的進攻，拜占庭帝國的海上援軍也衝破了土耳其軍在海峽上的封鎖。

面對攻城的失敗，鄂圖曼帝國及時改變了攻城的策略，他們買通熱那亞商人，準備從他們那裡借道，通過加拉太地區潛入金角灣內，採取

水陸夾擊的方式。為了快速潛入，他們還在博斯普魯斯海峽和金角灣之間鋪設出一條長約 1.5 公里的圓木滑行道。依靠這個滑行道，一夜之間便將 80 艘輕便帆船拖到海峽岸邊，然後用人、畜和滑車拉過山頭，再從斜坡上滑進金角灣。他們還在金角灣最窄的地方架起浮橋，在橋上配置了火炮。

一切準備就緒後，5 月 29 日，奧斯曼帝國開始從海、陸兩面對君士坦丁堡發動總攻。在金角灣那邊，他們用火炮破壞君士坦丁堡的防禦工事並對防守的船隻進行打擊；在西邊，數萬士兵從多處攻入城堡。雖然君士坦丁堡的士兵都浴血奮戰，誓死保衛城堡，但是因為人數相差得太過懸殊，最終彈盡糧絕，君士坦丁堡被攻陷，拜占庭帝國滅亡。此後，君士坦丁堡成為鄂圖曼帝國的新首都。

君士坦丁堡爭奪戰

君士坦丁堡的陷落，讓許多希臘人逃到西歐，從而把希臘～羅馬傳統的文化帶到西歐，推動了文藝復興運動。

後世學者認為，君士坦丁堡的陷落，代表了歐洲舊有宗教秩序的結束，大砲和火藥的廣泛使用，代表著中世紀時代的結束和文藝復興時代的開始。

阿拉伯人的民間故事:《一千零一夜》
(7 世紀～ 16 世紀)

相傳古時候,在古印度和中國之間的海島上,有一個叫薩桑的王國,國王叫山努亞。一天,山努亞和他的弟弟在緊鄰大海的樹下休息,海中突然出現一股黑色的水柱,水柱變成了一位妙齡女郎,女郎走到他們身邊,告訴他們天下所有的女人都是不可信任的。

山努亞和他的弟弟回國後,就發現王后行為不端,於是殺了王后。從此,國王山努亞開始深深地厭惡女人。他想報復那些可惡的女子,於是便每天娶一個女子做新娘,第二天殺掉,然後再娶,再殺,他完全變成了一個暴君。三年過去了,他已經殺掉了一千多個女子。

這天,宰相的大女兒山魯佐德,對自己的父親說她要嫁給國王,去拯救其他無辜的女子。山魯佐德被送進宮後,每天晚上都給國王講一個故事,但她堅持每晚只講故事的開頭和中間部分,不講結尾。國王為了聽故事的結尾,就不能殺死山魯佐德。就這樣,山魯佐德每天講一個故事,越講越精彩,一直講到第一千零一夜,終於感動了國王。國王說:「我以阿拉的名義起誓,不再殺妳,妳的故事讓我很感動,我要把它們記錄下來。」於是,便有了《一千零一夜》這本書。

這只是一個關於《一千零一夜》的傳說,真正的《一千零一夜》裡面的故事主要有三個來源:一是波斯故事集《赫左兒‧艾夫薩乃》;二是伊拉克在以巴格達為中心的阿巴斯王朝(西元 750 年～ 1258 年)時期流行的故事;三是埃及麥馬立克王朝(西元 1250 年～ 1517 年)時期流行的故事。它並不是由哪位具體作家創作出來的,而是由中近東地區的廣大市井藝人和文人學士在幾百年的時間裡收集、提煉和加工而成的,是廣大阿拉伯人民、波斯人民智慧的結晶。

其實《一千零一夜》裡面的故事，很早就在阿拉伯民間流傳了，不過只是到八九世紀才出現手抄本。最先使用了《一千零一夜》這一書名的是埃及人，不過那時書裡的故事還不完整，直到15世紀末16世紀初才基本定型。

該書的主題就是「勸君施仁」，透過一個個精彩的故事，表達了底層百姓對封建統治階層的訴求，希望那些統治者能合理使用他們的權力，給大家一個「公平」「平等」的社會。

《一千零一夜》這部文學名著，會集了古代近東、小亞細亞和其他地區民族的神話傳說、寓言故事，情節詭譎怪異、變幻莫測、優美動人，以其獨特的魅力吸引著讀者的目光。它用樸素的現實描繪和浪漫的幻想互相交織的表現手法，反映了人民對美好生活的憧憬，表達了他們的愛憎之情和純樸善良的特質。

《一千零一夜》對後世文學也產生了深遠的影響。法國人加朗（Antoine Galland）在18世紀初第一次把它譯成法文發表之後，就在歐洲掀起了一股「東方熱」。

《一千零一夜》還促進了歐洲的文藝復興和近代自然科學的建立，對世界文化的發展發揮了推動作用。

中世紀最後一位詩人但丁（西元1265年～1321年）

現代義大利語的奠基者、歐洲文藝復興的開拓者但丁（Dante Alighieri，西元1265年～1321年），是一位偉大的詩人。恩格斯（Friedrich Engels），這樣評價：「他是中世紀的最後一位詩人，同時又是新時代的最初一位詩人。」

西元1265年5月，但丁出生於佛羅倫斯一個沒落貴族的家庭。他從小就好學深思，喜歡讀詩，曾經跟隨著名學者布魯內托·拉蒂尼（Brunetto

Latini)學習修辭學,還學過拉丁文和古代文學。他特別崇拜古羅馬的著名詩人維吉爾(Vergil 或 Virgil),曾經把維吉爾當作自己的精神導師。維吉爾寫的關於羅馬祖先建國創業的史詩《艾尼亞斯紀》(*Aeneid*),被認為是文人創作的史詩中最好的作品。但丁涉獵廣泛,他不但接觸到拉丁詩人的作品,還看法國騎士的傳奇以及普羅旺斯的抒情詩。

18歲時,但丁就學會了作詩,並與當時佛羅倫斯「溫柔新體」詩派的一些詩人互相贈答,與詩派的領袖圭多·圭尼澤利(Guido Guinizzelli)結成深厚友誼。

少年時期的但丁,在一次宴會上見到容貌清秀、美麗動人的貝雅特麗齊(Beatrice)。只一眼但丁就喜歡上了她,以後經常找機會去看望她。但是,但丁只把貝雅特麗齊當作自己精神上愛慕的對象。這種愛情為但丁帶來了神奇的力量,他為她寫下了一系列的抒情詩篇。後來,貝雅特麗齊與別人結婚了,不久便逝世了。但丁聽說後悲痛萬分,這種悲痛化成了悼念的詩。後來,但丁把為貝雅特麗齊所寫的詩收集在一起,用散文串聯起來,取名《新生》(*La Vita Nuova*),這是但丁的第一部文學作品。

但丁的嘆息橋

詩中，但丁把貝雅特麗齊看作是上帝派來拯救他靈魂的天使而將她神化。從此之後，貝雅特麗齊成了但丁作品中一個象徵性的理想人物。她死後，但丁為了重新尋求精神上的寄託，開始醉心於哲學。他閱讀了大量的中古文化領域裡的經典著作，為日後的創作打下了堅實的基礎。

但丁年輕的時候，還積極參加城邦的政治活動。他曾經是人民首領特別會議的成員；他參加過坎帕爾迪諾之戰，還參加了佛羅倫斯攻占比薩的卡普羅納城堡的戰鬥，為家鄉佛羅倫斯奉獻自己的力量。

當時的義大利正處於四分五裂的狀態，佛羅倫斯是抗爭最激烈的地方。西元 1302 年，但丁因莫須有的罪名，被趕出故鄉，開始了近 20 年的流放生活。

但丁雕像

在長期流放期間，但丁幾乎乞討著走遍了所有說義大利語的地方，看遍了祖國壯麗的河山，接觸了社會上的各個階層，豐富了生活經驗。這次的流放擴大了詩人的視野，讓他意識到自己肩負著揭露現實、喚醒人心，為義大利指出政治上和道德上復興歷史方向的使命。於是從 1307

年起,他開始創作《神曲》(*Divine Comedy*)。

但丁說他寫《神曲》的目的是「要使生活在這一世界的人們擺脫悲慘的遭遇,把他們引到幸福的境地」。我們可以從但丁的作品中看出,他想尋找義大利民族的出路,渴求祖國和平統一、人民安居樂業。

西元 1315 年,佛羅倫斯政府宣稱只要但丁能公開認罪,並繳納罰金就能返回故鄉,可是但丁拒絕了。後來,但丁接受圭多·諾韋洛·達·波倫塔的邀請,定居於拉溫納。在維羅納和拉溫納期間,他完成了《神曲》的寫作,於 1321 年 9 月病逝。

《神曲》是一部長篇史詩,分為〈地獄〉、〈煉獄〉(又譯〈淨界〉)、〈天堂〉三個部分。全書加上序曲共計 100 章,長達 14,233 行。長詩中遊歷三界的見聞,很多都是義大利現實生活的寫照,裡面反映了複雜的黨派鬥爭,抨擊了教宗和僧侶們的罪惡,也揭露了貪官汙吏及新興資產階級對人民的剝削壓迫等。

但丁作品《神曲》中的插圖

《神曲》表達了詩人對人類智慧和理想的追求。《神曲》中的地獄是現實世界中的真實反映，天堂是人類的理想和希望，煉獄則是人類將理想變成現實必須經過的苦難歷程。但丁希望人們認識罪惡、悔過自新，去了解最高真理，達到最理想的境界。這在當時是非常難得的思想，顯示了新的文化思潮的萌芽。

附錄：第八章參考文獻

[1] 斯塔夫里阿諾斯。全球通史 [M]。北京：北京大學出版社，2006。

[2] 斯蒂文·朗西曼（Steven Runciman）。1453 君士坦丁堡的陷落 [M]。北京：北京時代華文書局，2014。

[3] 詹姆斯·布賴斯。神聖羅馬帝國 [M]。北京：商務印書館，2016。

[4] 羅伯特·福西耶。劍橋插圖中世紀史 [M]。濟南：山東畫報出版社，2018。

世界中古史（西元476年～1640年）

世界近代史
（西元 1640 年～1917 年）

世界近代史（西元1640年～1917年）

第九章　探索與發現

　　14世紀到16世紀初，一些城市出現了資本主義的萌芽，歐洲開始從封建社會邁向近代社會。資本主義的萌芽首先出現在義大利，隨著航海技術的發展、新航路的開闢、殖民的掠奪和擴張，資本主義的原始累積完成了，世界開始成為一個整體。文藝復興和宗教改革，為資本主義的發展解除了精神枷鎖。資本主義進入工場手工業時期，人類也由農業時期邁向工業時期。

文藝復興（14世紀中葉～17世紀初）

　　「文藝復興」一詞來源於義大利語Rinascimento，意思為「再生」或「復興」。當時的人們認為，文藝曾經在古希臘、古羅馬時期是繁榮的，經過中世紀的「黑暗時代」卻衰落下去，直到14世紀後才獲得「復興」，

所以稱為「文藝復興」。西元 1550 年，瓦薩里（Giorgio Vasari）在他的著作《藝苑名人傳》（*Lives of the Most Excellent Painters, Sculptors, and Architects*）中，正式將它作為新文化的名稱，不過已經變成 Renaissance 了，17 世紀後開始在歐洲各國流行起來。

文藝復興是指 14 世紀至 17 世紀，發生在歐洲的一場反映新興資產階級要求的思想文化運動。這場運動首先在 14 世紀的義大利各城市興起，後來擴展到西歐各國，到了 16 世紀時達到鼎盛。它帶來了一場科學與藝術的革命，拉開了近代歐洲歷史的序幕。

義大利文藝復興

11 世紀後，隨著經濟的逐漸復甦，人們的生活水準有了很大的提升，於是人們改變了以往對現實生活的悲觀態度，開始追求世俗人生的樂趣，這與天主教的主張相違背。14 世紀的義大利，各城市開始從共和制變成獨裁制。那些獨裁者渴望從宗教的禁慾主義中解放出來，能夠享受人生，於是大力保護藝術家對世俗生活的描繪。與此同時，一些宗教激進主義也在歌頌自然的美和人的精神價值。羅馬教廷開始走向腐敗，教宗的享受程度比國王都厲害，他們允許藝術偏離正統的宗教教條。在這樣寬鬆的氣氛中，哲學、科學逐漸發展起來，宗教也在醞釀著改革。

随著工場手工業和商品經濟的發展,到了 14 世紀,資本主義生產關係已經在歐洲封建制度內部逐漸形成。在政治上,人們越來越不滿意封建割據制度,歐洲各國人民都有民族統一的強烈願望。於是在文化上,開始出現了反映新興資本主義利益和要求的作品。

文藝復興運動起源於義大利的佛羅倫斯,絕大部分歷史學家認為第一個代表人物是但丁,但丁用義大利方言,而不是中世紀歐洲的正式語言創作了《神曲》。在《神曲》中,他用巧妙的手法對中世紀宗教的腐朽和愚昧進行了深刻地揭露。

還有一個代表人物是佩脫拉克(Francesco Petrarca)。他認為古希臘、古羅馬時代是人性最完善的時代,但黑暗的中世紀將人性壓制得違背了自然。他也用義大利方言寫了大量以十四行詩為表現形式的抒情詩歌,這些詩歌非常受各個國家城市統治者的歡迎。

文藝復興時期的建築特點

西元 1453 年,君士坦丁堡被攻陷時,大批受到東方文化影響,還保留古羅馬帝國精神的人才紛紛逃往義大利。他們為義大利帶回來了許多新的思想和藝術,他們還在羅馬創辦教授希臘語的學校,這促使了文藝復興運動的形成。

第九章　探索與發現

　　文藝復興時期的作品，主要展現了人文主義思想：主張解放人的個性，反對中世紀的禁慾主義和宗教觀；倡導科學文化，反對蒙昧主義，從思想上擺脫了教會的束縛；肯定人權，反對神權，拋棄了以神學和經院哲學為基礎的一切權威和傳統教條；擁護中央集權，反對封建割據，這是人文主義的主要思想。其代表性作品有但丁的《神曲》、薄伽丘（Giovanni Boccaccio）的《十日談》（*Decameron*）、馬基維利（Niccolo Machiavelli）的《君主論》（*Il Principe*）、拉伯雷（François Rabelais）的《巨人傳》（*La vie de Gargantua et de Pantagruel*）等。

達文西的《最後的晚餐》（Il Cenacolo）

　　文藝復興時期的藝術，大力謳歌人體的美，主張把人體比例作為世界上最和諧的比例，並把它應用到建築上，將神從天上拉到了地上。此時，一些人文主義者開始將《聖經》翻譯成本民族的語言，導致了宗教改革運動的興起。

　　人文主義歌頌世俗中的美好，蔑視天堂，他們用理性取代了神啟，肯定「人」是現世生活的創造者和享受者。人文主義強調文學藝術是用來表現人的思想感情，讓人的思想感情和智慧從神學的束縛中解放出來。

229

世界近代史（西元1640年～1917年）

拉斐爾的《雅典學院》(Scuola di Atene)

　　隨著文藝復興的傳播，科學技術得以提升，還有地理知識的進步，開啟了大航海時代。文藝復興還產生了像達文西、拉斐爾、米開朗基羅這樣傑出的藝術家。還有哲學家伊拉斯謨、馬基維利，音樂家帕萊斯特里納（Giovanni Pierluigi da Palestrina）、拉索（Orlando di Lasso），作家塞凡提斯（Miguel de Cervantes Saavedra），戲劇家羅培‧德‧維加（Félix Lope de Vega y Carpio）等。

　　文藝復興恢復了人們對知識的興趣，推動了世界文化的發展；文藝復興使技術得到進一步發展，西元1500年時，歐洲國家的很多重要科技領先世界；文藝復興促進了人民的覺醒，這從思想上為資本主義的發展做好了準備。

　　不過因為文藝復興運動在傳播的過程中過分強調人的價值，所以在後期造成了個人私欲的膨脹，產生了一些負面的影響。

大航海時代（15世紀～18世紀）

　　大航海時代也被稱為地理大發現，是指15世紀末到18世紀，由歐洲人發起的廣泛跨洋活動與地理學上的重大突破。那時歐洲的船隊航行

在世界各地的海洋上，尋找新的貿易路線和貿易夥伴，以發展歐洲的資本主義。

中古的西歐開始實行的是銀本位，到了15世紀以後，慢慢過渡到金本位。貨幣不再只是商品交換的媒介，也是財富和權力的象徵。14世紀～15世紀，隨著西歐經濟的發展和農奴制度的瓦解，商品流通量不斷地增加，貨幣的需求量也大大增加。此外，封建貴族為了支付鉅額的戰爭費用，還有為了滿足自己奢靡的生活，也需要更多的金錢。

哥倫布曾說過：「黃金是一個好東西，誰有了它，就可以擁有一切。有了黃金，甚至可以讓靈魂住進天堂。」但是，歐洲產金量不大，銀主要產於德國。雖然從15世紀後半期開始，德國產銀量逐年增加，但依然無法滿足人們的需求。並且，西歐商人在同東方進行絲綢和香料的貿易時，又讓貴金屬大量外流。雖然一些國家為緩解貴金屬短缺，下令禁止金銀出口，但還是不能解決問題。於是西歐的國王、貴族和商人開始瘋狂地尋找金銀。

西元1275年，威尼斯人馬可‧波羅隨父親來到中國，居住了17年後回國。回國後發表《馬可‧波羅行紀》（亦作《馬可‧波羅遊記》）。書中寫到北京的宮牆、房壁和天花板都塗滿了金銀。這本書在歐洲開始廣泛流傳，激起了歐洲人對東方文明和財富的貪欲，於是有人決心遠渡重洋，找到那個神祕的東方世界。

當時的天文學和航海技術也有了較大的發展，13世紀～14世紀發展的「地圓學說」為探尋新航線奠定了理論基礎。14世紀～15世紀，又有了羅盤、航海地圖。

在15世紀末以前，通往東方的商路主要有三條：一條是陸路，也就是「絲綢之路」；另外兩條都是海路。這幾條商路經過義大利、阿拉伯、

拜占庭和波斯等地,幾經輾轉才能把貨物運往西歐。後來鄂圖曼土耳其帝國興起,控制了傳統商路,對過往船隻徵收很重的稅賦,使得運到西歐的貨物數量減少,價格增加很多。於是,西歐的商人、貴族都迫切希望重新找到一條能繞過地中海東岸直達中國和印度的新航線。

哥倫布發現新大陸

15世紀末,西班牙和葡萄牙實現了統一和中央集權。兩國君主和貴族、商人,為了掠奪黃金、白銀,不斷擴張勢力,積極支持航海事業,他們成為探尋新航路的先鋒。亨利王子(Prince Dom Henryr)是大航海時代早期的代表性人物,他領導葡萄牙在海外探險45年(西元1415年～1460年),建立起世界一流船隊,先後發現了馬德拉島、桑托斯港島、亞速群島各島嶼、幾內亞、塞內加爾、維德角和獅子山等。

開始亨利王子還命令他的船長要與當地人和睦相處,主張和平殖民。但是後來,因為黃金和販賣黑奴等獲得的暴利,促使航海大發現變成了武力征服和掠奪,變成了殘酷的殖民統治和壓迫。

西歐商人清點錢幣

葡萄牙航海的巨大發現和成就震驚了歐洲，看到葡萄牙人在非洲西海岸的航行和擴張，西班牙人坐不住了，他們也開始積極尋找另一條通往東方的新航路，於是西班牙國王資助哥倫布一行從歐洲向西航行。西元 1492 年，哥倫布帶領 87 名水手，分乘三艘船隻，從巴羅斯港 (Palos de la Frontera) 出發，進入茫茫的大西洋。後來到了美洲，開闢了通往美洲的新航路。

雖然哥倫布開闢了通往美洲的新航線，卻沒有到達富裕的地方，所以沒能為西班牙政府立即帶來財富，西班牙困境依然存在。為了找到一條直通東方的新航線，西班牙政府繼續支持遠洋探險。西元 1519 年 9 月，麥哲倫從塞維利亞 (Sevilla) 的外港聖盧卡啟航，開始遠航，找到了溝通大西洋和「大南海」的通道，並把「大南海」改為「太平洋」。麥哲倫的船隊整整花了 3 年的時間，第一次完成了環球航行，證明地圓學說的正確性，為人們地理知識領域的擴大和科學的發展作出了重大貢獻。

在西班牙、葡萄牙進行海外探險並取得重要成就的同時，西歐其他一些國家也積極開展探險活動。從 16 世紀到 18 世紀，歐洲國家又陸續

世界近代史（西元 1640 年～1917 年）

開闢了多條新航道。在世界各地發現了大量以前不知道的地方，擴大了世界貿易，為人類的經濟活動提供了更加廣闊的舞臺。

大航海時代

地理大發現對歐洲產生了巨大的影響，它讓地中海沿岸的經濟活躍了起來。新航路的開闢，促進了資本的原始累積，加強了各大陸之間的來往。不過，殖民國家在亞非拉地區的暴行，也造成了如今亞非拉地區總體落後的局面。

隨著新航線的開闢，跨洋的商業活動變得越來越頻繁，海外貿易帶來的鉅額財富激發了歐洲人在美洲和亞洲的殖民行動的熱情，促進了資本主義與工業革命的發展，最終直接或間接地引發了帝國主義的產生。

瓜分新世界的協議：《托德西利亞斯條約》（西元 1494 年）

羅馬教宗曾經批准由葡萄牙掌握波哈多角（Cape Bojador 或 Cape Boujdour）以東一切土地，但是哥倫布的發現卻破壞了這個條例，於是葡萄牙準備動用武力來奪取哥倫布發現的土地。

不過這個計畫被西班牙駐葡萄牙的大使獲知。大使在哥倫布即將到達巴塞隆納時，偷偷告訴了西班牙的國王和王后。經過一番考慮，西班牙國王和王后認為只有採取外交措施才能獨占新大陸。

於是西班牙請求教宗來做裁判。新任的羅馬教宗亞歷山大六世為了擴大教會的影響，准許西班牙占領哥倫布發現的全部土地，規定西班牙有權掌握維德角群島以西 100 里格（League）沿大西洋之線往西的全部土地。

為了調解西班牙和葡萄牙的糾紛，教宗進行了仲裁。西班牙和葡萄牙兩國於西元 1494 年 6 月，在西班牙卡斯提亞的托德西利亞斯簽訂了一份旨在瓜分新世界的協議——《托德西利亞斯條約》（Tratado de Tordesillas）。

該協議規定歐洲以外的地方將由西班牙和葡萄牙共同掌管，並特別將位於維德角群島以西 370 里格，西經 46° 37' 的南北經線，定為兩國勢力的分界線：分界線以西歸西班牙所有，以東歸葡萄牙所有。這條分割線，也被稱為教宗子午線。

羅馬教宗亞歷山大六世

西班牙國王和王后對這份條約很滿意,因為這份條約明確保護了哥倫布發現的新領土,從而避免了與葡萄牙發生戰爭。而葡萄牙國王也很高興,覺得這條約保證了葡萄牙向南非南部海洋探索的利益,這是他一生中最大的勝利。後來的事實證明,這個條約對雙方真的很有利,在西班牙擁有北美後,葡萄牙也擁有了美洲南部的巴西。

這個條約讓西班牙和葡萄牙都獲得了利益,從此兩國在以後的100年時間裡都遵守這個條約。

莫爾與《烏托邦》(西元1516年)

自古以來,無論東方還是西方,人們都一直追求一種理想社會,那裡人人平等,沒有貴賤之分,財產共有。東方是「天下大同」的構想,西方是「理想國」的設計。到了近代,又出現了「烏托邦」這個理想社會的代名詞。英國著名的思想家湯瑪斯·莫爾(Thomas More),為人們詳細描述出了這一理想的社會。

西元1478年2月,莫爾生於倫敦一個法官的家庭,小的時候母親就去世了,是父親將其撫養長大。他父親曾經擔任皇家高等法院的法官,對莫爾要求很嚴格。

為了培養莫爾,13歲時,父親就讓莫爾在坎特伯里大主教、紅衣大主教莫頓(John Morton)的家中做少年侍衛。莫頓是當時有名的政治家,他淵博的學識、優雅的談吐對莫爾產生了很大的影響。

後來莫爾在牛津大學和林肯法學院深造,擔任了律師、國會議員、外交官、副財政大臣、下議院議長、大法官等職務。在牛津大學裡,莫爾閱讀了柏拉圖、伊比鳩魯、亞里斯多德等人的作品,尤其是柏拉圖的思想對莫爾產生了巨大的影響。在法學院的學習,豐富了莫爾的知識,

培養了他現實主義的態度。

西元 1517 年，莫爾以律師的身分進入皇宮，做了國王「私人的僕人」。在擔任律師期間，他接觸了很多關於下層社會的案件，見到了底層人民所遭受的種種苦難。他用自己的能力秉公執法，為那些受屈的底層人民撐腰，在倫敦贏得了名望。他反對宗教改革，這與亨利八世早期的觀點不謀而合，所以深受亨利八世寵信。1529 年，莫爾成為英國的大法官，是僅次於英王的第一號要人。

牛津大學

不過後來亨利八世在宗教問題上突然改變了自己的態度，而莫爾不願拋棄自己的信仰去換取亨利的恩寵，這讓莫爾與國王的衝突日益加深。於是，莫爾在西元 1532 年毅然辭去了大法官一職，這惹惱了亨利。

西元 1533 年，亨利與凱薩琳離婚，與安妮·博林（Anne Boleyn）結婚。莫爾拒絕參加安妮的加冕禮，也拒絕宣誓承認亨利成為英國教會的最高首領，因此莫爾被關進了倫敦塔。在獄中，他堅持寫作，並三次拒絕宣誓。後來，莫爾被亨利八世的檢察官做假證誣告，被判處死刑。1535 年 7 月，莫爾被送上斷頭臺，一代偉大的空想社會主義者與世長辭。

亨利八世

　　《烏托邦》（*Utopia*）這部不朽的著作，是莫爾從西元1513年開始創作的，書的全名原為《關於最完美的國家制度和烏托邦新島的既有益又有趣的金書》。

　　全書共分兩卷，第一卷主要講述了一個虛構的航海家周遊列國的見聞，由此匯入對英國社會當時情況的觀察與批判。第二卷是講那個航海家航行到一個奇鄉異國烏托邦後的見聞。在那裡，財產是公有的，人民是平等的；大家穿著統一的工作服，在公共的餐廳就餐，用按需分配的原則進行分配；那裡的官吏選拔，採取的是祕密投票的方式。

　　莫爾在《烏托邦》這本書中認為，私有制是萬惡之源，必須消滅它，莫爾第一次向人們提出公有制的問題。莫爾採用遊記對話的文學體裁，提出了自己的政治主張，闡述了自己的社會觀點和改造社會的設想。

　　莫爾在《烏托邦》一書中所設計的「公有」社會模式，超越了人文主義思潮的界限，在他的書中沒有任何剝削，展現了他對廣大下層人民的人本情懷。雖然當時的生產力水準不高，剩餘產品也不多，真的要實現按需分配十分困難，但莫爾還是大膽地提出了這一分配原則。

莫爾

馬丁・路德的宗教改革（西元 1517 年開始）

　　西元 1483 年 11 月，在神聖羅馬帝國（今德國）的艾斯萊本降生了一個男孩，在他受洗禮時，以當日的聖人聖瑪定（馬丁）命名。他從小就被送到大城市學習，之後還進了一所有名的大學讀法律。

　　西元 1505 年，在一次回家的路上，他突然遇到狂風暴雨，在恐懼絕望時，他大聲呼喊：「聖安娜，求求妳不要讓我死，如果妳能讓我活下去，我願意成為一個僧侶。」喊完後，風雨驟停。於是他不顧父親的反對，毅然放棄了法律學習，到修道院中當了一名修士。

　　在修道院中，他嚴格遵守修會的教規，在西元 1507 年成為神父。雖然他每天都做懺悔，但還是無法獲得心靈的安慰，他的懺悔神父建議他去學神學。1508 年，路德被送往維滕堡。他在那裡結識了強調神的自由性和人的自主性的施道比茨（John Staupitz）。

世界近代史（西元1640年～1917年）

馬丁・路德（Martin Luther）

當時的西歐還是封建制度，社會危機和教會危機激化，教廷和神聖羅馬帝國的威信明顯下降，教會內部的改革派已經多次發難。教宗利奧十世（Pope Leo X）以修繕羅馬聖彼得大教堂為名，派教廷大員到德意志各地兜售贖罪券（indulgence）以此來斂財。為了讓更多的人購買贖罪券，教宗哄騙信徒說不管你犯多大的罪，只要購買了贖罪券，都能得到上帝的寬恕。

這樣的言論引起了不少諸侯和市民階層的不滿。一向贊助路德的薩克森選侯弗里德里希就不允許在自己的選侯區兜售贖罪券，不過當時薩克森公國並沒有禁止教會的這個行為。為了阻止教會的兜售，路德於西元1517年10月，以學術爭論的方式，在維滕堡城堡大教堂門上張貼出了一篇「歡迎辯論」的〈九十五條論綱〉（95 Thesen）。

貼在維滕堡城堡的〈九十五條論綱〉

西元 1518 年路德寫了一篇〈解答〉為自己的主張辯解,卻引起了爭端。1519 年,在與親羅馬的神學家約翰‧艾克(Johann Eck)的辯論中,由於路德的論據只有一些唯名論的東西,而被艾克問得無言以對,最後路德被艾克宣布是異端。

德國宗教改革

西元 1520 年,教宗簽署了《斥馬丁‧路德諭》,裡面列舉了路德 41 條「嚴重錯謬」,限路德在 60 天內放棄自己的觀點,否則就要受到懲罰。路德連續發表了〈關於教會特權制的改革致德意志基督教貴族公開信〉、〈論教會的巴比倫之囚〉和〈論基督徒的自由〉等文章,公開提出教宗無權干預世俗政權。路德認為教宗不是《聖經》最後的解釋人,信徒可直接與上帝相通,無須神父作中介。

由於路德堅持自己的觀點,最後教宗開除了他的教籍,路德在諸侯和市民的支持下開始了公開對抗,並寫下了戰鬥檄文〈反對敵基督者的通諭〉。神聖羅馬帝國的皇帝為了得到教宗的支持,也反對路德的改革,並在西元 1521 年的帝國會議上,對路德定罪。路德的擁護者將路德送

到瓦特堡保護起來，並且那些擁護者開始行動，讓宗教改革迅速發展起來。

不過後來隨著改革運動的深入，路德開始害怕起來，他多次宣稱「反對以暴力來改革教會」。西元1529年的馬爾堡會談中，路德與瑞士宗教改革派分裂。

馬爾堡

馬丁・路德的宗教改革，激發了廣大人民反封建的鬥志，給予天主教和封建勢力沉重的打擊，從客觀上結束了羅馬教廷至高無上的統治，解放了人民的思想，使得人文主義得到進一步發展。

麥哲倫的1,082天環球航行（西元1519年～1522年）

西元1480年，在葡萄牙一個沒落的騎士家庭，麥哲倫誕生了。他在8歲時作為侍童被送進王宮接受教育。18歲時進入航海事務廳工作，他在那裡聽說了哥倫布和達・迦馬（Vasco da Gama）的偉大航行，開始研究當時最為先進的地理學說和航海技術。後來麥哲倫參加了葡萄牙對東印度和馬六甲的軍事行動，幾年的海戰使得麥哲倫獲得了大量寶貴的知識和經驗，為日後偉大的環球航行打下了堅實的基礎。

第九章 探索與發現

　　麥哲倫深信，從葡萄牙出發，向西航行，一定可以到達摩鹿加群島。他查閱了很多資料，參考了許多其他航海家的經歷，做出了一份完整的計畫獻給葡萄牙國王。國王沒有細看就認為他這是毫無根據的幻想，並扔掉了他的計畫。麥哲倫覺得自己受到了羞辱，頭也不回地離開了葡萄牙，前往西班牙尋找支持自己的人。

　　到達西班牙後，麥哲倫遇到了與自己志向相同的天文學家路易・法萊魯（他找到了準確測定經度的方法）。此時西班牙國王查理一世為了獲得更多的財富，正想向海外發展，他支持麥哲倫的環球航海計畫，跟麥哲倫簽訂了遠洋探險協定。協定內容是麥哲倫是新發現地的總督和欽差大臣，並能獲得新發現地全部收入（扣除開支後）的二十分之一和新發現6個島嶼中的2個，剩下的歸西班牙國王所有，同時西班牙國王必須為探險隊裝備5艘船（130噸的和90噸的各2艘、60噸的1艘），提供必需的物資、武器和保障供應人員。

　　西元1519年9月20日，麥哲倫帶領兩百多人、5艘遠洋海船，從塞維利亞的外港聖盧卡啟航，開始了環球航行。11月19日，在東北季風和赤道海流的幫助下，麥哲倫船隊沿非洲西海岸南下，到達維德角群島時轉向西行，然後橫渡大西洋，到達南美洲巴西海岸。

　　隨著冬季的來臨，航行變得極其艱難。西元1520年3月31日，麥哲倫船隊到達一個平靜的港灣，他把那裡命名為「聖胡利安港」（Puerto San Julián），並在那裡度過了一個冬天。5月中旬，為了找到通往太平洋的航線，麥哲倫派出一艘遠洋帆船向南探索航線，只是該帆船不幸觸礁受損。

世界近代史（西元1640年～1917年）

麥哲倫

　　8月，麥哲倫船隊繼續南航。10月21日，探險船隊沿著南美洲海岸向南航行時，終於發現了一條通往太平洋的海峽。這個海峽很長，兩岸峭壁林立、忽寬忽窄、彎彎曲曲、潮汐洶湧、凶險萬分。有一艘船嚇得掉頭逃回了西班牙，麥哲倫卻帶領剩下的3艘船衝入海峽之中。

　　經過38天的艱苦航行，船隊終於在11月28日駛出了海峽，進入浩瀚無邊的「大南海」。在「大南海」裡航行3個多月，居然沒有遇到一次暴風雨，麥哲倫便稱它為「太平洋」。

麥哲倫白帆船

西元 1521 年，麥哲倫船隊橫渡了太平洋，3 月初抵達菲律賓群島中的胡穆奴島，後又到達了宿霧島。麥哲倫帶領船員，用火槍、利劍的血腥方式征服這裡，想把島上小王國變成西班牙的殖民地。當地土著人激烈反抗，他們用毒箭、標槍對付入侵者。麥哲倫被毒箭射中，客死他鄉，後來這個島嶼被西班牙國王命名為菲律賓。

麥哲倫死後，他的手下繼續他未完成的航程。船隊於西元 1521 年 11 月初進入馬魯古群島，與當地人交換貨物後，滿載香料離開了，但是「特里尼達」號卻因為船體漏水無法繼續航行。

「維多利亞」號渡過印度洋，繞過好望角，越過維德角群島，歷時 1,082 天，共計航行 60,440 公里，最終於西元 1522 年 9 月 6 日又回到了出發地聖盧卡港，完成了人類首次環球航行。出發時的兩百多人只剩下 18 人，5 艘遠洋海船也只剩下「維多利亞」一艘。

太平洋

麥哲倫船隊環球航行的成功，證明了地球是圓的，世界各地的海洋是連成一體的。從此地圓學說廣泛流傳起來，為人們地理知識領域的擴大和科學的發展作出了重大貢獻，人們也因此稱麥哲倫是第一個擁抱地球的人。

世界近代史（西元1640年～1917年）

馬基維利與《君主論》（西元1513年）

　　西元1469年，馬基維利出生於佛羅倫斯一個沒落貴族家庭。家中除了堆積如山的圖書幾乎一無所有，馬基維利從小沒有多少受教育的機會，他的知識主要靠自學。

　　西元1494年，佛羅倫斯成立了共和國。1498年，年輕的馬基維利就任佛羅倫斯共和國第二國務廳的長官，同時還兼任共和國執政委員會祕書，負責外交和國防。他經常出使各國，會見各國政要，成為佛羅倫斯首席執政官的心腹。

　　西元1505年，佛羅倫斯成立國民軍九人指揮委員會，馬基維利擔任委員會祕書。在征服比薩的戰爭中，他親自領軍作戰，獲得了勝利。他試圖化解神聖羅馬帝國皇帝和教宗的衝突，以避免將佛羅倫斯拖入戰爭，但沒有成功。1511年，教宗的軍隊攻陷了佛羅倫斯，罷黜了執政官，馬基維利也被革除了一切職務。

　　西元1513年，馬基維利被捕入獄，受到嚴刑拷打，不過最終被釋放。失去一切的馬基維利，隱居鄉間開始寫作，在此期間完成了名著《君主論》。《君主論》全書共計26章，主要討論了「君主國是什麼？它有多少種類？怎樣獲得？怎樣維持？以及為什麼會喪失？」的問題。

　　馬基維利拋棄以往宗教常用的推理方法，以「人性本惡」為前提，結合以往的歷史經驗，得出國家的產生源於人性自身的需求，根本不是上帝的意志。這一結論從根本上否認了「君權神授」的觀點。他還將政治與倫理道德分開，他認為政治的基礎根本不是倫理道德，而是權力。

第九章 探索與發現

佛羅倫斯

馬基維利在《君主論》中將君主國進行了詳細的分類：世襲君主國、混合君主國、依靠自己武力和能力獲得的新君主國、依靠他人的武力或者運氣而獲得的新君主國、市民君主國和宗教君主國等。每個君主在剛開始建國的時候就要根據本國的實際情況，因地制宜地建立適合自己的君主政體，還要學會政治統治的方法。

馬基維利

《君主論》中，他將君王的政治行為和倫理行為截然分開，並將世俗公認的一些道德規範通通丟棄。書中宣稱世界上有兩種抗爭方法，一種是運用法律，一種是運用武力。前者是理性行為，而後者是獸性行為，但是在現實面前，前者的效果往往並不理想，所以君主必須懂得用武力進行抗爭。書中還說，如果君主一直善良，最後就會被消滅，所以君主必須狡猾如狐狸、凶猛如獅子。

《君主論》主張君主為了穩固自己的統治，在非常時期應該大刀闊斧地使用暴力方式去解決那些用法律方式解決不了的事情。君主不要懼怕

留下惡名，不必遵守信義，可以置倫理道德於不顧。書中還告誡君主，要掩飾好自己的背信棄義，要習慣做個口是心非的偽君子。

《君主論》中提倡君主應該尊重宗教，讓宗教在國家中占據顯要地位，這當然不是因為宗教是真實的，而是因為宗教是連接社會各階層的紐帶。《君主論》中還強調了建立自己軍隊的必要性，描述了君主在軍事方面的責任，指出了僱傭軍、援軍和混合軍對君主的危害。

哥白尼的《天體運行論》（西元 1543 年）

在 15 世紀末，歐洲的很多國家開始出現中央集權的君主政體，因為歐洲實行「政教合一」，所以羅馬教廷控制了許多歐洲國家。當時《聖經》是至高無上的存在，凡是違背《聖經》的學說，都是「異端學說」；凡是反對神權統治的人，都要被大火燒死。

面對如此黑暗的統治，新興的資產階級為了維護自己的權益，掀起了一場反對封建制度和教會迷信思想的抗爭，出現了震撼歐洲的文藝復興運動。與此同時，商業的活躍也促進了對外貿易的發展，許多歐洲的冒險家開始遠航非洲、印度和遠東地區。麥哲倫的環球旅行，證明了地球是圓的，這使人們開始真正了解地球。一場宗教革命，在歐洲轟轟烈烈地興起。

在這個動盪不安的大變革時代，尼古拉·哥白尼出生了。10 歲時，哥白尼的父親去世，他被送到擔任大主教的舅舅盧卡斯·瓦岑羅德家撫養。盧卡斯是個人文主義者，與義大利的革命家、人文主義者菲利普·布納科西（Filippo Buonaccorsi）是好友，哥白尼小時候經常被盧卡斯帶著參加人文主義者的聚會，所以人文主義對他產生了很大的影響。

18 歲時，哥白尼按照盧卡斯的安排，到克拉科夫大學學習天文和數

學。當時波蘭著名的天文學家馬爾卿‧克洛爾、沃伊切赫都在克拉科夫大學講課，哥白尼的「太陽中心學說」（日心說，Heliocentrism）在那時已經開始孕育了。

哥白尼

23歲時，哥白尼在文藝復興的發源地義大利的波隆那大學和帕多瓦大學攻讀法律、醫學和神學。在那裡，哥白尼跟隨天文學家德‧諾瓦拉學習天文觀測技術和希臘的天文學理論。

西元1503年，哥白尼在費拉拉大學獲得宗教法博士學位後，來到弗倫堡工作。哥白尼以後的大部分時間，都是在費勞恩譯格大教堂當一名教士。他在任職期間把城堡西北角的箭樓建成自己的一個小型天文臺——後來被稱為「哥白尼塔」。沒有儀器他就自己製作，他用這些簡陋的儀器進行天文觀測、計算和研究。《天體運行論》(*De revolutionibus orbium coelestium*)所引用的27個觀測資料，大部分都是在這裡記錄的。哥白尼不是一位職業天文學家，他的成名著作也是在業餘時間完成的。

在那個「科學成了神學的婢女」的時代，許多學說都被歪曲和「閹割」，最後淪為封建統治者的工具。當時，被普遍接受的天文體系是托勒密體系。

托勒密認為，地球是靜止的，是宇宙的中心。所有天體，包括太陽，都圍繞地球運轉，但是人們發現，天體的執行有時會忽前忽後、忽快忽慢。雖然托勒密解釋得很精妙，但是他的「本輪」理論不足以解釋天體的執行。

哥白尼發現，托勒密錯誤的根源主要是為了保持結論的正確，不斷進行「修補」。哥白尼認為天文學的發展道路不是繼續「修補」托勒密的舊學說，而是要發表宇宙結構的新學說。哥白尼進行天文學觀測的目的也跟過去的學者不同，過去的學者強迫宇宙現象服從「地球中心」學說，但他只想讓宇宙現象來解答他的疑惑，經過不斷地觀測，他有了「太陽中心」學說的想法。

克拉科夫大學

經過長年的觀測和計算，哥白尼完成了他的偉大著作《天體運行論》。他在《天體運行論》中觀測計算所得的數值精確度非常高，例如，他得到恆星年時間為365天6小時9分40秒，比現在的精確值約多30秒，誤差只有百萬分之一；他得到的月亮到地球的平均距離是地球半徑的60.3倍，與現在的60.27倍相比，誤差只有萬分之五。

西元1533年，已經60歲的哥白尼在羅馬做了一系列的講演。演講中試探著提出了自己的學說要點，雖然沒有遭到教宗的反對，但限於當時的政治環境，他擔心教會的反對，並沒講太多。即便書稿完成後，他也不敢發表，直到臨近古稀才決定將它發表。

第九章 探索與發現

托勒密的世界地圖

　　西元 1543 年 5 月，已經生命垂危的哥白尼，才收到《天體運行論》的樣書，收到書後不久他便與世長辭了。

　　哥白尼的學說，讓人類對宇宙的認知發生了根本性的變革，讓人們的世界觀發生了重大變化。哥白尼的書深深影響了伽利略和克卜勒，他倆對牛頓產生了很大影響，而牛頓又確定了運動定律和萬有引力定律。所以，從歷史的角度來看，哥白尼的《天體運行論》是當代天文學的起點，也是現代科學的起點。

伽利略

世界近代史（西元1640年～1917年）

荷蘭革命（西元1566年～1609年）

　　荷蘭南部工商業發展得比較早，在14世紀時，荷蘭就出現了資本主義生產關係。15世紀到16世紀，製造呢絨、絲綢、亞麻布、棉布、地毯、肥皂、皮革和金屬製品的手工業迅速發展。荷蘭的毛紡織工場主要依賴西班牙的羊毛，產品也銷往西班牙屬地。

　　16世紀時，荷蘭的經濟已經很發達了。經濟的發展，引起了階級關係的變化，資本主義開始興起。但那時荷蘭是西班牙的領地，而西班牙還是封建統治，這嚴重阻礙了荷蘭資本主義的發展，荷蘭的資產階級想要推翻西班牙封建專制的統治。

　　查理一世時，西班牙國庫的一半收入來自荷蘭，但是宗教裁判所每年處死荷蘭的新教徒達5萬人之多。腓力二世繼位以後，更是變本加厲地迫害荷蘭人民。他不再償還國債，使得荷蘭的銀行家蒙受巨大的損失；他提高西班牙羊毛的價格，導致荷蘭許多手工工場倒閉，很多工人失業；他還禁止荷蘭商人直接與西班牙殖民地進行交易；同時他還加強了對荷蘭新教徒的迫害。他的暴行引起了荷蘭各個階層的不滿。

荷蘭革命

　　西元1566年4月，忍無可忍的荷蘭大貴族代表「貴族同盟」向西班牙駐荷蘭總督請願，要求廢除迫害新教徒的各條法令，召開三級會議，

並撤走西班牙駐軍。但是總督瑪格麗特不僅拒絕了貴族的請求，還將他們逐出總督府。

正當這些貴族商量新的對策時，人民已經開始行動了，他們衝進天主教堂和修道院，掀翻聖母像，搗毀教堂裡的裝飾物，荷蘭革命就此拉開序幕。迫於壓力，瑪格麗特宣布停止宗教裁判所的活動，赦免了貴族同盟的成員。腓力二世（Felipe II）卻偷偷派阿爾瓦公爵（Duque de Alba）率領1.8萬名士兵去荷蘭鎮壓革命。

荷蘭資產階級

阿爾瓦公爵到達荷蘭後，馬上成立了「除暴委員會」，處死了8,000多名起義者，還處死了資產階級首腦及一些大貴族，並且制定了更加苛刻的稅制，規定一切動產和不動產都要交稅，所有商品都要繳納交易稅，他的原則是「寧留一個貧窮的荷蘭給上帝，也不留一個富裕的荷蘭給魔鬼」。

在一片腥風血雨中，荷蘭的有錢人紛紛逃往外國，廣大的荷蘭人民卻沒有認命，他們積極開展各種游擊戰。在北方，漁民、水手和碼頭工人組成名為「海上乞丐」的游擊隊，他們依靠沿海的優勢突襲西班牙的運輸船隻。在一次突襲中，攻占了西蘭島（Zealand）的布里爾，打敗了阿爾瓦的軍隊，獲得了荷蘭本土的第一個據點。

西元 1573 年，北方各省基本都從西班牙的統治中解放出來，紛紛宣布獨立，北方各省事實上已經成為一個個獨立的國家。

在南方，荷蘭人民在密林中組成「森林乞丐」游擊隊，不斷襲擊西班牙軍隊，讓阿爾發防不勝防。因為戰場上屢屢失敗，腓力二世把阿爾瓦召回西班牙，改派一個新的總督過來。只是新的總督的日子也一樣不好過。後來來登戰役的勝利，不僅鞏固了北方革命的勝利，也推動了南方各省的抗爭。

荷蘭畫派作品《農民婚禮》

西元 1576 年 9 月，布魯塞爾爆發起義，起義者占領了總督府，推翻了西班牙在荷蘭的統治。從此，革命的中心開始向南方轉移。10 月，在根特城召開了荷蘭的三級會議，會議簽訂了《根特協定》，阿爾瓦頒布的一切法令都被廢除，重申各城市原有的權利，南北開始聯合抗擊西班牙。

西元 1579 年，南方的封建貴族看到革命日益高漲，他們害怕了。他們組成了阿拉斯聯盟（Union of Arras），承認腓力二世的合法地位，並聯合西班牙軍隊向北方進軍。北方的起義者成立聯省共和國（United Provinces，即烏特勒支同盟），與南方勢力相抗衡。從此荷蘭一分為二，北方是荷蘭共和國，南方仍然在西班牙的統治下。

荷蘭南北分裂

雖然腓力二世不能容忍荷蘭共和國的存在，但是西元 1588 年，西班牙的無敵艦隊已經被英軍擊潰，他已經沒有力量對抗了。1609 年，新繼位的腓力三世與荷蘭共和國簽訂了《十二年休戰協定》(Twelve Years' Truce)，承認了共和國的獨立，荷蘭革命在北方獲得完勝。1648 年，歐洲各國也正式承認荷蘭。

荷蘭人民經過 40 年的艱苦抗爭，終於戰勝了實力強大的西班牙，並削弱了西班牙的經濟和軍事力量。在當時的歐洲，西班牙的衰落意味著歐洲封建反動勢力的削弱，也意味著為各國資產階級掃除了前進道路上的一個巨大的絆腳石。

中國 17 世紀的工藝百科全書：《天工開物》（西元 1637 年）

在《天工開物》之前，世界上還沒有一部論述農業和手工業的綜合性著作，《天工開物》被外國學者稱為「中國 17 世紀的工藝百科全書」，其作者是明代的科學家宋應星。

明代時，中國農業、手工業、商業都已經到了比較發達的階段。並

且耕地面積也擴大了，農作物品種也得到改良，所以單位面積產量和總產量都有了明顯提升。一些地方的手工業還出現了專業化經營，形成了一定規模，尤其是冶金、陶瓷、紡織等行業最為發達。由於商品經濟的發展，明代中期，一部分地區的行業中開始出現了資本主義萌芽。這是《天工開物》創作的時代背景。

《天工開物》

《天工開物》問世後引起了多方的注意。書中主要記載了明朝中葉以前中國古代的各項技術，全書共 3 卷 18 篇，並附有 123 幅插圖，詳細描繪了眾多工具的名稱、形狀。裡面還記錄了機械、磚瓦、陶瓷、硫黃、燭、紙、兵器、火藥、紡織、染色、製鹽、採煤、榨油等農業、手工業生產技術。可以說將中國古代的各項技術總結得清清楚楚、明明白白。

《天工開物》還將一些生產經驗總結記錄下來。第一卷主要記載了穀物豆麻的栽培和加工方法，還有蠶絲棉苧的紡織和染色技術，以及製鹽、製糖等工藝；第二卷主要記載了磚瓦、陶瓷的製作，車船的建造，金屬的鑄鍛，煤炭、石灰、硫黃、白礬的開採和燒製，以及榨油、造紙的方法等；第三卷講述了金屬礦物的開採和冶煉，兵器的製造，顏料、酒麴的生產，以及珠玉的採集加工等。

《天工開物》不僅記錄了培育水稻、大麥新品種的事例，還分析了土壤、氣候、栽培方法對農作物品種變化的影響。此外還注意到不同品種蠶蛾雜交引起變異的情況，如將黃繭蠶與白繭蠶雜交，培育出褐繭蠶，將「早雄」和「晚雌」雜交，培育出「嘉種」，這比法國的同類紀錄早200多年。《天工開物》中說，可以透過人去改變動植物的品種特性，得出了「土脈歷時代而異，種性隨水土而分」的科學見解。

宋應星是世界上第一個科學地闡述鋅和銅鋅合金（黃銅）的科學家。他在〈五金〉篇中指出，鋅是一種新金屬，並且詳細記載了鋅的冶煉方法。這是中國古代金屬冶煉史上的重要成就之一，中國在很長一段時間裡是世界上唯一能大規模煉鋅的國家。

明朝一景

宋應星在書中還強調了「人類要與自然和諧相處，人力要與自然力相配合」的觀點。《天工開物》這一書名取自「天工人其代之」及「開物成務」，展現了樸素的唯物主義自然觀，反映著一種新的社會現象和時代取向。

《天工開物》是中國封建社會中最為燦爛的科學代表作之一。它既是對古代科學傳統的有效繼承，又與當時興起的各種具有啟蒙意義的反權威意識、實學意識和民生意識息息相關。

附錄：第九章參考文獻

[1] 斯塔夫里阿諾斯。全球通史 [M]。北京：北京大學出版社，2006。

[2] 查爾斯·C·曼恩（Charles C. Mann）。1493 從哥倫布大航海到全球化時代 [M]。北京：新華出版社，2016。

[3] 羅伯特·斯旺森（Robert Swanson）。諾曼征服與英格蘭文明的演進 [N]。中國社會科學報，2012-02-29。

[4] 杜蘭特（Will Durant）。文藝復興 [M]。北京：華夏出版社，2010。

[5] 蘇嘉。宋應星和《天工開物》[J]。出版史料，2010(3)。

第十章　資本主義的發展

西歐列強的瘋狂擴張，讓資本主義世界市場得以拓展，世界各地開始了密切的交流。工場手工業的進一步發展，加速了原始資本的累積，促進了資本主義的發展。近代科學技術的不斷突破，為工業革命提供了必要的條件。啟蒙運動的傳播，為歐洲資本主義革命提供了支持。一場變革正在醞釀。

兩個「日不落」帝國（16 世紀末～ 20 世紀）

15 世紀末，西班牙加快了向海外擴張的步伐。16 世紀中期，西班牙和葡萄牙推動了地理大發現和殖民擴張。西班牙的征服者不僅毀滅了阿茲特克、印加和馬雅文明，還宣稱南北美洲的大片土地也歸自己所有。並且西班牙王室透過與歐洲各王室聯姻，又獲得大片土地。卡洛斯一世時，透過與神聖羅馬帝國皇位結合，提升了其在歐洲的影響力。卡洛斯

一世還打敗了強大的法國和鄂圖曼帝國，使得西班牙開始稱霸歐洲。國王卡洛斯一世說：「在我的領土上，太陽永不落下。」

16世紀中期，西班牙利用從美洲採礦獲得的金銀，來支付在歐洲和北非的長期戰爭。1580年，西班牙兼併了葡萄牙帝國，又獲得了葡萄牙廣闊的殖民地，把半個荷蘭、半個亞平寧半島、整個伊比利半島和幾乎整個中、南美洲，以及亞洲的菲律賓群島，甚至還一度將臺灣據為己有。自此，西班牙變成歐洲的超級霸主，締造了「西班牙治下的和平時代」。1800年，西班牙帝國的面積達到1,600萬平方公里。

在地中海，西班牙與鄂圖曼帝國頻繁地戰爭；在歐洲大陸，法國開始強大起來；在海外，西班牙與葡萄牙、英格蘭和荷蘭競爭。由於西班牙在其領土動用軍力過度頻繁，政府越來越腐敗，龐大的軍費支出讓經濟停滯不前，其國力在17世紀中葉開始下滑。1713年的烏得勒支和約（Treaty of Utrecht），結束了西班牙歐陸帝國的歷史，「日不落」帝國也凋落了。

西班牙帝國衰落後，第二個「日不落」帝國——大英帝國開始出現。

西班牙與鄂圖曼帝國爭霸

第十章 資本主義的發展

在1618年～1648年的30年，歐洲大陸國家都在竭力爭奪歐洲霸權時，英國卻在忙於內部的爭權奪利。光榮革命以後，一個全新的英國閃亮登場了，它連續兩次遏止了歐洲頭號強國法國的稱霸。

在保證其歐洲大陸的格局後，英國又透過海外擴張壯大了自己的力量。英國透過七年戰爭（西元1756年～1763年）不僅穩定了歐洲大陸的局勢，還摧毀了法國和西班牙的海上力量，進而奪取了法國在北美大陸和印度的絕大部分殖民地。

1763年，英國自豪地宣稱自己是「日不落」帝國。1815年，英國在拿破崙戰爭中取得了巨大的勝利，進一步鞏固了自己在國際上的地位。工業革命使得英國成為當時的經濟強國，大英帝國步入全盛時期。

「日不落」帝國英國軍隊

1922年，英國的面積達到驚人的3,367萬平方公里，大約占了世界陸地面積的四分之一，從英倫三島蔓延到香港、甘比亞、紐芬蘭、加拿大、紐西蘭、澳洲、馬來亞、緬甸、印度、烏干達、肯亞、南非、奈及利亞、馬爾他、新加坡以及無數島嶼，地球上的24個時區都有大英帝國的領土。1938年，大英帝國的人口達到4.58億，約占世界總人口的四分之一。英國霸權統治下的國際秩序被稱為「不列顛治下的和平」。

從古到今，沒有哪一個國家會成為真正的「日不落」國家。20世紀中

世界近代史（西元 1640 年～ 1917 年）

葉，第二次世界大戰結束後，英國的國力逐漸衰落，殖民地紛紛獨立。同時，美國開始崛起，大英帝國逐漸瓦解。

永恆的莎士比亞（西元 1564 年～ 1616 年）

西元 1564 年 4 月，在英國中部的斯特拉特福一個富裕家庭降生了一個男嬰，他就是後來文壇的巨星 —— 威廉・莎士比亞。經常有劇團來莎士比亞的家鄉巡迴演出，他對這些劇團非常好奇，那麼小的舞臺，透過幾個人的表演，就能展現出豐富的故事，於是他深深地喜歡上了戲劇。

莎士比亞 7 歲時，在當地的一個文法學校讀書。他在那裡掌握了基本的寫作技巧和豐富的知識，還學會了拉丁語和希臘語。但不幸的是，因為父親經商失利，莎士比亞不得不離開學校，回家幫忙。為了生計，他當過肉店的學徒，也在鄉村學校教過書，還做過一些其他的職業。這些經歷豐富了莎士比亞的社會閱歷，為日後的創作累積了素材。

18 歲時，莎士比亞娶了比自己大 8 歲的妻子，21 歲不到就已經是 3 個孩子的父親。莎士比亞在作品中表達了對自己婚姻的遺憾：「女人應該與比自己大的男人結婚。」

莎士比亞

一直對戲劇念念不忘的莎士比亞，終於在西元1586年跟隨一個劇團來到了倫敦。當時戲劇正在迅速流行，為了離戲劇更近一點，莎士比亞在一個劇院找到一份看馬的差事。雖然這只是一份打雜的工作，但是莎士比亞卻做得很用心。由於他的用心，騎馬來的觀眾都願意把馬交給他，於是他就找來一批少年幫忙。

偉大的人都是自律的，在工作之餘，莎士比亞悄悄觀看舞臺演出，堅持自學文學、歷史、哲學等課程，從來沒有放棄對戲劇的追求。機會都是給那些有準備的人，在一次劇團需要臨時演員時，莎士比亞脫穎而出。他出色的理解力和精湛的演技，使他在不久後就成為一名正式演員。

成為正式演員後，莎士比亞又發現很多劇團都急缺優秀的劇本，於是他在苦練演技的同時，還大量閱讀各種書籍，嘗試寫歷史題材的劇本。西元1590年年底，莎士比亞已經成為倫敦頂級劇團的演員和劇作家。他寫的歷史劇《亨利六世》三部曲，一上映就獲得了廣大觀眾的喜愛，讓他贏得了很高的聲譽，他開始在倫敦戲劇界站穩腳跟。後來莎士比亞還成了劇團的股東。

莎士比亞戲劇

從西元1594年起，莎士比亞的劇團不僅受到王公大臣的庇護，還得到詹姆斯一世的關愛。他的劇團除了經常巡迴演出，還常常到宮廷中演出，這使莎士比亞創作的劇本蜚聲社會各界。

西元1595年，莎士比亞寫了聞名於世的悲劇《羅密歐與朱麗葉》(*Romeo and Juliet*)。演出後，觀眾潮水般湧向劇場，感動得熱淚盈眶。這部戲讓莎士比亞名振倫敦。

莎士比亞的生活

莎士比亞的兩個好朋友為了改革政治，發動革命，一個被送上絞刑架，一個被投進監獄。悲憤的莎士比亞，傾盡全力寫下了劇本《哈姆雷特》(*Hamlet*)並親自扮演裡面的幽靈。

在以後的幾年裡，莎士比亞又寫出了《奧賽羅》(*Othello*)、《李爾王》(*King Lear*)和《馬克白》(*Macbeth*)。它們和《哈姆雷特》一起被稱為莎士比亞的四大悲劇。

西元1616年，在他52歲生日那天，莎士比亞因病離開了人世。他被葬在家鄉的一座小教堂旁，墓碑上刻著：「看在上帝的面子上，請不要動我的墳墓，妄動者將受到詛咒，保護者將得到祝福。」

英國東印度公司（西元 1602 年～ 1858 年）

英國著名政治家、航海家華特・雷利（Walter Raleigh）說：「誰控制了海洋，就控制了貿易；誰控制了世界貿易，就控制了世界財富，因而控制了世界。」

隨著 15 世紀末到 16 世紀初新航線的開闢，世界貿易的市場不斷擴大，英國、荷蘭，尤其是英國的商業發展迅速。各國的統治者和資產階級都迫切地想建立商業壟斷公司，以便於他們進行海外貿易，取得海上的霸權。

荷蘭的獨立戰爭還沒結束，聯省共和國（De Republiek der Zeven Verenigde Nederlanden）就已經開始發展對外貿易和殖民擴張了。17 世紀荷蘭的海洋貿易是領頭羊，被稱為「海上馬車伕」。他們把香料占為己有，形成壟斷，再販賣到歐洲各地。

後來英國人在爪哇島也發現了香料。為了打破荷蘭對香料貿易的壟斷，分得世界貿易中的一杯羹，在英國樞密院的默許下倫敦商人籌備創辦了東印度公司。西元 1600 年，英格蘭女王伊麗莎白一世頒發了皇家特許狀給英國東印度公司，允許它在印度進行貿易。從此，英國東印度公司迅速發展起來，成為英國最有勢力的商業巨擘，也為英國後來成為「日不落」帝國鋪好了路。

在創立初期，英國東印度公司只是一個商業組織而已，工作主要是協調和解決英國與亞洲各國貿易時產生的問題。但後來慢慢壟斷了英國與印度之間的商業貿易，獲得了豐厚的利潤，成為英國在亞洲發展海外貿易的利器。

之後東印度公司的實力越來越強，逐漸占領了馬德拉斯（今清奈）、加爾各答、孟買三個城市，並在這裡設立三個管區，把它們變成進一步

侵占印度其他地區的支點。

與此同時，東印度公司已經不再滿足於香料生意，開始做起了棉花等生意。因為印度的棉花物美價廉，深受人們喜愛，英國人便想據為己有。東印度公司開始僱用印度籍軍人，組成了東印度軍，為英國人服務。這些僱傭軍在英國占領印度中發揮了重要作用。

英國東印度公司總部

東印度公司，利用這種商人與軍人的聯合，強制驅逐商場上的競爭對手。西元1773年，東印度公司取得了孟加拉國鴉片貿易的獨占權。他們逼迫孟加拉國農民種植鴉片，然後透過鴉片開啟了中國的大門，從中牟取更大的利益。

源源不斷的鴉片被運到中國，使得中英貿易產生巨大的逆差，也讓中國的白銀大量流出。西元1838年，僅銷往中國的鴉片就高達1,400噸。面對白銀的大量流出，清政府開始嚴禁鴉片，並對走私者處以死刑，委派林則徐監督禁菸，引發了鴉片戰爭，最終中國割讓香港島給英國。

從西元1757年到1857年，東印度公司逐漸演變成一個集商業、政治、軍事和司法為一體的政商機構，成為印度的一股重要勢力。它已經

不再像是一個貿易企業,而是越來越像一個國家了。這引起了英國政府的擔憂,為了抑制東印度公司日益膨脹的政治權力,英國政府取消了東印度公司的貿易壟斷權。

東印度公司運送茶葉的船隻

西元 1858 年,東印度公司為英國斂夠財富後,被英國政府正式取締。

東印度公司為英國資本主義的發展,開闢了一個重要的商品傾銷市場和原料產地,但是卻為東方廣大的地區特別是印度帶來了一場災難。

羅曼諾夫王朝(西元 1613 年～ 1917 年)

莫斯科大公伊凡三世迎娶拜占庭帝國末代公主後,便以拜占庭帝國的繼承人自居。西元 1547 年,伊凡四世加冕成為沙皇,開始執政,對中央和地方的行政、法律、財政等多方面進行改革,強化了國家中央集權。1584 年伊凡四世死後,經歷了幾代王朝,直到 1613 年,米哈伊爾被國民議會推選為沙皇,成為羅曼諾夫王朝的第一代沙皇。

西元 1682 年,年僅 10 歲的彼得被納雷什金家族擁立為新沙皇,不過其同父異母的姐姐索菲亞殺死了彼得的兩個舅舅,將自己 16 歲的同母

弟弟伊凡五世立為第一沙皇，彼得一世為第二沙皇。兩位小沙皇只是擺設，真正的掌權者是索菲亞。

後來，彼得一世利用自己培養多年的童子軍團，推翻了索菲亞的統治，把她拘禁在新聖女修道院，伊凡五世只保留沙皇尊號，無任何權力。為了讓俄國快速發展起來，彼得裝成俄國衛兵，跟隨俄國代表團先後到荷蘭、英國等國家學習造炮、造船和航海技術。

回國後，彼得一世開始效仿西歐先進國家，實行一系列改革，使得俄國迅速發展起來，成為東歐的強國。那時的俄國還是一個遠離海洋的內陸國家，為了獲得海上權利，彼得不惜發動長達 21 年的「北方戰爭」，奪取了芬蘭大公國和波羅的海出海口。又從波斯手中奪下了裡海沿岸一帶。

羅曼諾夫王朝徽章

西元 1712 年，彼得把國都從莫斯科遷到彼得堡，這樣方便窺伺整個歐洲。他還命令俄國海軍總司令尋找一條到中國和印度的航線，打起亞洲的主意。1721 年，彼得一世沒有再沿襲沙皇的稱號，而是選擇象徵最高統治者「皇帝」這一稱號，他想以此說明羅曼諾夫王朝與西歐各國具有相同的政治地位。

西元 1725 年，彼得一世因為肺炎而死，皇位被他的第二任皇后繼承。彼得二世繼位後，朝中的保守黨勢力抬頭，皇室又遷回莫斯科。在葉卡捷

琳娜二世在位期間，俄國羅曼諾夫王朝的國土面積擴大了63萬平方公里。

西元1812年，拿破崙一世率60萬大軍攻打俄國，羅曼諾夫王朝使用了焦土策略，加上寒冷的天氣，使得拿破崙慘遭毀滅性打擊，出發時的60萬大軍回國時只剩2萬多人。在反法同盟擊敗拿破崙後，沙皇亞歷山大一世被視為歐洲的救世主。

19世紀，俄國趁英法聯軍侵略中國的時候，用武力脅迫清政府簽署了《璦琿條約》、《中俄北京條約》。羅曼諾夫王朝把整個外滿洲（包括庫頁島）吞併，並獲得海參崴這個不凍港，擴大了俄國在西太平洋的影響。

19世紀後期和20世紀初期，歐洲的工業革命將俄國與西歐的發展差距拉大。1905年，日俄戰爭的失敗讓民眾對皇權徹底失去了信心，革命的浪潮此起彼伏。第一次世界大戰時，俄國出現資產階級和無產階級的運動。1917年3月，首都彼得格勒市民發動反飢餓遊行，引發了二月革命，沙皇被迫退位，至此，羅曼諾夫王朝結束。

彼得一世

被送上斷頭臺的國王：查理一世（西元1625年～1649年在位）

17世紀的初期，英國的經濟和資本主義發展得不錯，出現了香皂、玻璃等一些新興的行業。查理一世（Charles I）繼位的前幾年因與法國和西班牙雙線作戰，花費巨大，而議會又拒絕撥款給他，沒辦法，他只能採取

了一些極端的措施：典賣妻子嫁妝；向富有臣民強行借款，將拒絕借款的人關進監獄；讓士兵住進民宅白吃白喝；不經議會批准就徵收關稅等等。

為了得到更多的稅收，查理一世竟然將香皂、玻璃等一些商品的買賣權壟斷了，這嚴重侵犯了商人的利益，一些資本家開始反對國王的這種霸道行為，當時的英國階級衝突很尖銳。

西元1628年，查理一世與西班牙的戰爭以失敗告終，下議院領袖嚴厲批評了政府，堅決不同意王室的財政辦法，並且擬就了一份請願書。當下議院繼續譴責國王寵信的牧師時，查理一世居然宣布休會。

查理一世召開新議會

沒有得到想要的撥款，查理不得不結束戰爭，以節省費用。西元1633年，查理任命威廉·勞德（William Laud）為大主教，並讓大主教向蘇格蘭教會強加倫敦草就的祈禱書。這引起了蘇格蘭地區居民的憤怒，公開拒絕新的祈禱書。這給了查理攻打蘇格蘭的藉口，只是結果是查理被打敗。之後的第二次討伐蘇格蘭戰爭，也徹底失敗。

西元1641年，查理訪問蘇格蘭，向那裡的臣民表達了自己的善意，讓他們支持自己，不過沒有取得什麼成效。當他回到倫敦時，居然有將近一半的議員開始反對他，在王后的唆使下，查理打算逮捕為首的5名議員，但是要抓的時候人已經跑了。

西元 1642 年 8 月，英國內戰爆發。起初幾次戰鬥查理都取得了勝利，一直打到了牛津。此時，議會內部開始出現分裂的聲音，一部分人認為應該和談，一部分人認為應該決戰到底。

後來克倫威爾（Oliver Cromwell）帶著他的民兵加入議會軍，與查理軍作戰，隨著戰事的推進，議會軍開始占據上風。最終，克倫威爾領導的議會軍取得了勝利。但是國王查理一世卻跑到了蘇格蘭，他勾結蘇格蘭人再一次發動了內戰。不過這次議會軍直接打到了蘇格蘭的首都，將查理一世抓獲。

西元 1649 年 1 月，國王查理一世被帶到威斯敏斯特大廳接受審判。27 日，特別法庭以「殺人犯、暴君、叛徒」的名義下達處死國王的命令。1649 年 1 月 30 日的早晨，英國倫敦的天氣格外寒冷，白廳宴會廳前搭起了斷頭臺，查理一世被處決了。當這位英國國王身首異處的時候，廣場上的人們發出了歡呼，他們把帽子扔向天空，以表達自己的興奮。

查理一世被送上斷頭臺

查理一世是歐洲歷史上第一個被自己的臣民送上斷頭臺的國王。

世界近代史（西元1640年～1917年）

近代物理學之父：艾薩克・牛頓
（西元1643年～1727年）

　　如果問誰是17世紀世界上最偉大的科學巨匠，那非牛頓莫屬。他是英國著名的物理學家，百科全書式的「全才」，他一生對科學事業所做的貢獻，遍及物理、數學、天文學和經濟學等領域。

　　在力學上，他闡明了動量和角動量守恆的原理，並提出了牛頓運動定律；在光學上，他發明了反射望遠鏡，並提出了顏色理論；在數學上，他與哥特弗利德・威廉・萊布尼茲（Gottfried Wilhelm Leibniz）共同提出微積分學，他證明了廣義二項式定理，提出了「牛頓法」以趨近函式的零點，並為冪級數的研究作出了貢獻；在經濟學上，他提出了金本位制度。

　　是什麼讓艾薩克・牛頓這麼傑出呢？難道他真的是背負神聖使命的「天選之人」？

牛頓

　　牛頓是一個遺腹子，並且因為早產，剛生下來時十分瘦弱。3歲時母親改嫁了，牛頓跟他的外祖母一起生活。牛頓小的時候，並不是一個神童。他學習成績一般，但是非常喜歡讀書，尤其是一些介紹簡單機械

模型製作方面的書。他會根據書中的知識，動手製作一些小玩具，像風車、木鐘、摺疊式提燈等。

西元1654年，牛頓離開家到了金格斯皇家中學讀書。他寄宿在一個藥劑師家中，受到了化學方面的薰陶。中學時代牛頓的學習成績很好，他越發喜歡看書，並且喜歡沉思，喜歡做科學實驗。他還喜歡觀察自然現象，像顏色、日影四季的移動，對幾何學、哥白尼的「日心說」等非常感興趣。

牛頓的家庭並不富裕，迫於生活的壓力，牛頓聽從母親的話輟學務農，但這並沒有讓他放棄讀書。為了讀書，牛頓常常懇請傭人自己上街做生意，他則找一個地方躲起來看書。一次，他躲起來看書時被舅舅發現，舅舅考了他幾個知識，發現他對答如流，就說服了牛頓的母親，讓牛頓繼續上學。

牛頓在19歲時，前往劍橋大學三一學院讀書，並與他的表妹安妮‧斯托勒訂婚。但是牛頓太忙了，即使是夢裡也都是宇宙、世界。由於他只專注自己的研究而錯失了愛情，後來牛頓終身未娶。

劍橋大學

當時的三一學院教的是亞里斯多德學說，但是牛頓更喜歡閱讀笛卡兒、伽利略、哥白尼、克卜勒等先進思想的書。西元1665年，牛頓發現了廣義二項式定理，提出一套新的數學理論，也就是後來的微積分。

笛卡兒

西元1679年，牛頓開始研究力學，例如引力及其對行星軌道的作用、克卜勒的行星運動定律。1684年他將自己的研究成果歸結在《物體在軌道中之運動》（*De Motu Corporum in Gyrum*）一書中。

西元1687年，牛頓出版了《自然哲學的數學原理》（*Philosophiæ Naturalis Principia Mathematica*）。書中對萬有引力和三大運動定律進行了描述，還在波以耳定律（Boyle's law）的基礎上提出了測定音速的方法。牛頓的這些定律奠定了此後幾百年物理世界的科學觀點，也是現代工程學的基礎。牛頓證實了克卜勒行星運動定律與他自己的引力理論其實是一樣的，這說明地面物體與天體的運動都遵循一樣的自然定律，為太陽中心說提供了強而有力的理論支持，並推動了科學革命。

西元1704年，牛頓著成《光學》（*Opticks*），系統闡述了他在光學方面的研究成果，詳述了他關於光的粒子理論。

後來牛頓還被安妮女王封為爵士。西元1727年3月，牛頓與世長辭，被安葬在威斯敏斯特教堂，墓碑上刻著「讓人類歡呼吧，曾經有一位這樣偉大的人類之光在世界上存在過」。1726年，伏爾泰這樣評價牛頓的偉大之處：「他用真理的力量統治我們的頭腦，而不是用武力奴役我們。」

乾隆盛世（西元 1736 年～ 1795 年）

　　明朝時期，女真各部都臣服於明朝，建州女真的首領猛哥帖木兒為明朝建州衛左都督。西元 1583 年，努爾哈赤世襲了建州衛指揮使，並統一了女真各部，建立八旗制度。1616 年，努爾哈赤建國稱汗，史稱後金，開始起兵攻打明朝。後來皇太極繼位，聯合蒙古各部，繼續攻打明朝。

　　西元 1636 年，皇太極稱帝且將國號「金」改為「大清」，正式建立清朝。1644 年，李自成的大軍攻入北京，明朝最後一位皇帝——崇禎帝自殺。駐守山海關的明朝將領吳三桂投降了大清，並成為大清攻打李自成起義軍的前鋒。多爾袞指揮八旗軍擊敗了李自成建立的大順，占領了北京。經歷了 20 多年的戰爭，大清基本統一了中國大陸。

　　西元 1662 年，康熙帝繼位，他在位期間採取了一系列有利於恢復和發展社會經濟的措施。到乾隆年間，江寧、蘇州、杭州、佛山、廣州等地的絲織業非常發達，江南的棉織業、景德鎮的瓷器已經登峰造極。18 世紀中葉，清朝人口大大增加，之前中國歷史上人口一般在幾千萬之間，乾隆六年（西元 1741 年）人口普查是 1.4 億，到了乾隆帝退位時達到了 3 億，這是中國歷代都沒有的。

乾隆盛世圖

經過康熙、雍正的改革,到了乾隆時,按照歷史學家的說法,這是中國古代最繁榮富強的時代。當時清朝的經濟總量(GDP)占世界的三分之一,軍事實力也非常強,國土面積達到了1,454萬平方公里,人口也翻了一倍。

乾隆帝統治時期,文治武功都有建樹,但是18世紀的世界發生了翻天覆地的變化,歐洲正處在劇烈的資產階級革命時期,而中國正逐漸落後。

清朝從乾隆末年就開始衰落,乾隆帝六下江南,廣修園林,使得國庫空虛,加快了清朝的衰落。乾隆帝因為人口暴增,當時土地兼併非常嚴重,導致很多農民沒有土地,常有農民起義爆發。

乾隆下江南

乾隆末年的中國到底是什麼樣?已經有很多中國史書進行了記載,這裡就不再重複,我們從歐洲人的紀錄中看看有什麼不同。西元1792年,英國以馬加爾尼勳爵為代表的使團,詳細地記錄了自己的所見所聞。透過他們的角度,我們來看看乾隆末期的中國。

歐洲人這樣描述清朝的軍隊:士兵單列成隊,他們都自然而然地雙膝跪地,並一直保持這樣跪著直到長官下令起立才能起來;如果突然造

訪，他們會慌亂地從營房拿出女人氣十足的禮服，穿上這種禮服後，他們根本不像戰士，而像是唱戲的演員，沒有軍人的氣質；他們的大砲很少，並且都破舊不堪。

關於當時百姓的生活，歐洲人是這樣記載的：在三天的路程裡，根本沒看到農民豐衣足食、繁榮富強的證據。農民居住的房屋通常是泥牆平房，房頂蓋的是茅草，很難看到類似英國公民的啤酒大肚或者喜洋洋的臉。官吏毫不猶豫地鞭打抓來的村民，彷彿他們是一匹馬。

對於與西方的差異，他們說，當知道歐洲人只用槍打仗而不用弓時，他們十分吃驚。對於氣球理論、動物磁氣說反應冷淡。

最後這些歐洲人得出結論：當我們每天都在藝術和科學的領域前進時，他們不僅沒有任何進步，還在倒退。

從這些歐洲人記載的民眾生活的各方面，我們看到了盛世下的頹敗。其實這個盛世是虛假的，它早已崩塌。乾隆帝死後40多年，就爆發了鴉片戰爭，中國也淪為半殖民地半封建社會。

乾隆皇帝畫像

附錄：第十章參考文獻

[1] 喬治・馬可雷・屈勒味林（George Macaulay Trevelyan）。英國史 [M]。北京：紅旗出版社，2017。

[2] 帕特里克・布瓊（Patrick Boucheron）。法蘭西世界史 [M]。上海：上海教育出版社，2018。

[3] 斯塔夫里阿諾斯。全球通史 [M]。北京：北京大學出版社，2006。

[4] 德羅伊森（J. G. Droysen）。希臘化史：亞歷山大大帝 [M]。上海：華東師範大學出版社，2017。

[5] 瑪麗・富布盧克（Mary Fulbrook）。劍橋德國史 [M]。北京：新星出版社，2017。

[6] 劉植榮。「日不落帝國」的日升與日落 [N]。新金融觀察，2013-02-04。

[7] 勒龐（Gustave Le Bon）。法國大革命 [M]。天津：天津社會科學院出版社，2016。

第十一章　革命與發展

　　工業革命後，英、法、美等國紛紛完成資產階級革命，確立了資本主義政權。歐洲三大工人運動的出現，代表著工人階級正式登上了歷史舞臺。第二次工業革命的到來，讓老牌資本主義國家逐漸邁向帝國主義階段。面對著帝國主義的侵略與壓迫，許多國家和地區都掀起了民族解放運動的高潮。

蒸汽機與工業革命（西元 1760 年～ 1840 年）

　　18 世紀時，英國的資產階級統治者，透過積極發展海外貿易和瘋狂殖民擴張，為英國累積了大量資本，提供了廣闊的原料產地和海外市場。此外，英國透過推行「圈地運動」獲得了大量的廉價勞動力。雖然英國的工場手工業的蓬勃發展，累積了豐富的生產技術知識，但是還是無法滿足不斷擴大的市場需求。於是，一場機器生產的變革在不斷醞釀中。

1733年，機械師凱伊（John Kay）發明的飛梭，大大提升了織布的速度，也刺激了市場對棉紗的需求。西元1765年，織工哈格里夫斯（James Hargreaves）發明了「珍妮紡紗機」，可以一次紡出許多根棉線，極大地提升了生產效率。

「珍妮紡紗機」的發明，引發了人們發明機器、進行技術革命的連鎖反應，揭開了工業革命的序幕。紡織可以用機器，那麼採煤、冶金也可以用機器，於是很多行業都出現了機器。隨著機器的增多，原有的動力，如畜力、水力、風力等已經不夠用了，這時迫切需要找到替代的動力。

在格拉斯哥大學專門製作和修理教學儀器的瓦特（James Watt），在朋友羅賓遜教授的引導下開始了對蒸汽機的改造實驗。雖然初期的實驗失敗了，但是瓦特沒有放棄，繼續堅持實驗。西元1763年，瓦特收到一臺需要修理的紐科門蒸汽機，後來雖然修好了，但是效率很低。經過研究，1765年，瓦特取得了關鍵性的進展。

經過不懈的努力，瓦特在西元1774年將自己設計的蒸汽機投入生產。不過第一批新型蒸汽機，直到1776年才應用於實際的生產。1785年，瓦特的改良型蒸汽機開始投入使用。它能提供更加便利的動力，於是蒸汽機得到迅速推廣。蒸汽機的應用，大大推動了機器的普及和發展，人類社會由此進入了「蒸汽時代」。

傳統的手工業已經無法滿足機器生產的需求，漸漸被機器所取代。機器的廣泛應用促進了資產階級工廠的誕生。為了方便、快捷地運送貨物和原料，人們開始改造交通工具，又促進了交通工具的革新。西元1825年，喬治‧史蒂文生（George Stephenson）讓一列帶34節小車廂的火車成功運行。從此人類的交通運輸業進入一個以蒸汽為動力的時代。

第十一章　革命與發展

瓦特改良的蒸汽機

　　到了西元 1840 年左右，英國的大機器生產基本取代了傳統的工場手工業，英國的工業革命基本完成，成為世界上第一個工業國家。

　　在英國轟轟烈烈地進行工業革命時，法國在 18 世紀末，也開始使用蒸汽機等機器。到了 19 世紀中期，法國的工業革命基本完成，成為世界第二個工業國家。大約跟法國工業革命同時，美國也開始了工業革命，出現了拖拉機和輪船等。美國還創新地提出機器零件的標準化生產模式，這大大推動了機器製造業的發展和普及。德國的工業革命開始得晚一些，直到 19 世紀早期才開始。

英國工業革命

281

世界近代史（西元1640年～1917年）

19世紀中期前後，這場工業革命逐漸從英國向西歐大陸和北美傳播，後來擴展到世界其他地方，俄國、日本等國家也陸續開始了工業革命。

萊辛頓的槍聲（西元1775年～1783年）

「七年戰爭」結束後，英國已經在大西洋沿岸建立了13個殖民地，殖民地裡開發了大量的種植園，建立了紡織、煉鐵、採礦等多種行業，經濟開始繁榮起來。英國政府為了獲得更多的財政收入，不斷加強對殖民地的掠奪，西元1765年想出了一個新的稅種：印花稅。英國政府規定，一切公文、契約合約、執照、報紙、雜誌、廣告、單據、遺囑等，都必須貼上印花稅票，才能生效，否則就是不合法的。

這引起了殖民地人民的憤怒，各地開始出現祕密的反英組織，如「自由之子」、「通訊委員會」等。這些組織抵制英貨、焚燒稅票、趕走稅吏，有的甚至武力反抗。這引起了英國政府的恐慌，開始派兵鎮壓。西元1770年3月，英軍向波士頓手無寸鐵的市民開槍，打死了5名市民，製造了震驚北美的「波士頓大屠殺」。1773年發生的波士頓傾茶事件，進一步激化了殖民地與英國政府間的衝突。

1774年9月，為了爭取自由，北美13個殖民地的代表到費城召開第一次大陸會議，他們向英王遞交《和平請願書》，但被拒絕。

西元1775年4月18日，英國總督得知離波士頓不遠的康科德（Concord）藏有反英祕密組織的軍火倉庫和愛國者領導人，於是派出800名士兵前往查繳沒收和搜捕。這個消息被爭取民族解放的祕密組織成員保羅·里維爾（Paul Revere）和威廉·戴維斯（William Davis）得知，他倆連夜從波士頓騎馬出發，向各地的民兵通風報信，並通知各個村莊的民兵組織起來，迎擊英軍。

波士頓大屠殺

　　民兵得到消息後，埋伏在英軍必經的道路邊。19日清晨，天還沒亮，英國輕步兵趁著薄霧偷偷來到萊辛頓村邊。他們還沒進村，就看到路口站著幾十個拿著槍的村民。雙方僵持一段時間以後，不知道是誰開了第一槍，於是英國指揮官下令英國士兵開火，至此，美國的獨立戰爭拉開了序幕。

　　由於英軍在數量占有優勢，他們很快衝進村莊，但是他們還是來晚了，彈藥庫早就被民兵轉移，愛國者領導人也被藏在了安全的地方。英軍發洩一番後準備撤退，可是已經來不及了，槍聲從四面八方傳來，附近村莊的民兵趕到了。這一仗，北美民兵共計打死打傷247名英國士兵。

萊辛頓的槍聲

萊辛頓的槍聲，就像獨立戰爭的號角，很快傳遍了北美13個殖民地。從此，反對英國殖民統治的烈火燃遍了北美大地。這場戰爭從西元1775年一直打到1783年，持續8年之久，最終以北美殖民地的獨立結束。

獨立戰爭勝利後，美國人把萊辛頓起義當作美國自由獨立的象徵，在鎮中心的地方，矗立著一座手握步槍、頭戴草帽的民兵銅像。旁邊一塊粗糙的石碑上刻著：「堅守陣地，在敵人沒有開槍射擊前不要先開槍；如果敵人硬要把戰爭強加在我們頭上，就讓戰爭從這裡開始吧！」

西元1775年4月19日發生的萊辛頓起義，是打響美國獨立戰爭的第一槍，是殖民地人民為反抗英國殖民統治，爭取民族獨立而進行的民族解放戰爭。為了紀念萊辛頓起義，美國政府將每年四月的第三個星期一定為愛國者日。

最後一戰：滑鐵盧戰役（西元1815年）

西元1814年3月，第六次反法同盟攻入巴黎，拿破崙被迫退位，被流放到地中海上的厄爾巴島上。1815年2月，拿破崙逃出小島，率領700名士兵回到法國，受到軍民的熱烈歡迎。他迅速召集舊部，組建軍隊，進軍巴黎，重新稱帝。

歐洲各國迅速組成第七次反法同盟，調集70萬大軍，分路進攻法國，當時拿破崙只有28萬人。在認真分析當前的形勢後，拿破崙決定以攻為守，先集中兵力對付比利時方面的英普聯軍，只用少數兵力牽制俄奧聯軍。6月，他率領約12萬人，北上比利時。

6月16日，在利尼會戰打敗普軍後，拿破崙為了偵察敵情，派格魯希（Emmanuel Grouchy）率領3.3萬人和96門大砲進行追擊，幾乎占其可

動用兵力的三分之一，這是他一生中犯的最大的策略性錯誤，這個錯誤導致他最終的垮臺。當時只要派一個騎兵軍和一個步兵軍，就能勝任這個任務。

拿破崙本來打算用他的左翼，追擊並摧垮威靈頓的軍隊，但是法軍將領內伊（Michel Ney）在6月17日整個上午的消極怠戰，讓拿破崙的意圖落空。雖然戴爾隆軍已經與拿破崙會合，拿破崙下令向卡特爾布拉斯強行推進，但是直到下午二時，拿破崙快到達卡特爾布拉斯時，內伊的部隊仍然停留在弗拉斯尼斯附近的宿營地。過了好一會兒，內伊才趕到。

拿破崙非常生氣，他親自率領米豪德的兩個騎兵師，直奔卡特爾布拉斯。英國的砲兵連用炮火迎接拿破崙。隨後，尤布里奇命令騎兵旅向滑鐵盧退去。這時，突然下起大暴雨，地上都是積水，騎兵只能在修築的公路上前進。

當晚拿破崙在一個農莊過夜，兵士猶如落湯雞，也沒有吃的。18日凌晨，一名軍官送來了格魯希的一份4小時前的報告，報告暗示有部分布呂歇爾（Gebhard Leberecht von Blücher）的部隊試圖與威靈頓會合，雖然當時傳令官請求拿破崙馬上給予回覆，但是拿破崙直到8個小時後，才下達指示給格魯希，讓他向瓦弗方向前進。

滑鐵盧戰役

6月18日,威靈頓公爵(Duke of Wellington)率英、荷、比利時和漢諾威聯軍,在滑鐵盧附近阻擊法軍。拿破崙以優勢兵力率先發起進攻,由於對聯軍的作戰能力預估不足,導致主力在猛攻聯軍左翼時,遭遇頑強抵抗,雖然後來又增加了兵力,但還是沒有獲得成功。於是拿破崙改變了主要突擊方向,進行正面突擊,但還是沒獲得明顯進展。

傍晚,布呂歇爾率領普軍趕來增援,聯軍的兵力大增。這時拿破崙已經沒有後備兵力,預定的援軍也沒能趕到,開始全線崩潰。眼看沒有任何機會,拿破崙的軍隊放棄了戰鬥,拿破崙也於當晚九時撤離了戰場。

滑鐵盧戰役中,法軍傷亡約3萬人,有數千人被俘,聯軍傷亡2萬人左右。滑鐵盧戰役的結果,改變了歐洲的歷史程序。滑鐵盧之戰3天後,拿破崙宣布退位,隨後被放逐到聖赫勒拿島,一代梟雄就這樣退出了歷史舞臺。

拿破崙

馬克思與《共產黨宣言》(西元 1848 年)

　　西元 1818 年 5 月，卡爾・馬克思（Karl Marx）出生於德意志邦聯普魯士王國的特里爾市的一個律師家庭。中學畢業後，進入波恩大學學習，18 歲後又轉到柏林大學學習法律，不過馬克思自己把學習重點放在了哲學和歷史上。1841 年，馬克思獲得耶拿大學哲學博士學位。畢業後擔任《萊茵報》的主編，遇到了「林木盜竊問題」。

　　19 世紀初，工業革命席捲德國，加劇了底層勞動人民的貧窮。飢餓的貧民為了能領到一份監獄口糧，不惜故意違反林木管理條例。面對嚴峻的社會形勢，普魯士統治者不去尋找根本的解決辦法，而是發表了更加嚴厲的法案。新法案規定人們在森林裡撿拾枯枝、採摘野果等行為都是盜竊罪，並給予刑事處罰。

　　西元 1842 年馬克思在《萊茵報》上發表了〈關於林木盜竊法的辯論〉一文，強烈譴責立法機關為了偏袒林木所有者的利益，剝奪了貧民撿拾枯枝等的權利，系統地提出了自己的解決方案。

　　這引起了普魯士政府的怒火，他們立即查封了《萊茵報》。認清了政府的醜惡面孔之後，馬克思不再對政府抱有幻想，辭去了主編的職務，尋找機會繼續跟政府抗爭。

　　西元 1843 年，馬克思在報上發表了一篇批評俄國沙皇的文章，引起了尼古拉一世的不滿。普魯士國王為了平息沙皇的怒火，下令取消了《萊茵報》的發行許可，馬克思失業了。在這期間，馬克思認識了工廠主的子弟——弗里德里希・恩格斯（Friedrich Engels）。恩格斯非常欣賞馬克思的主張，出錢贊助馬克思的生活與活動，有時還為馬克思的文稿代筆。

　　西元 1843 年馬克思跟燕妮（Jenny Marx）結婚後，兩人一起踏上了流亡的征途，到了巴黎。在此期間，馬克思開始研究政治經濟

學、法國社會運動及歷史,並在 10 月底與人籌辦並出版《德法年鑑》(*Deutsch-Französische Jahrbücher*)。

西元 1845 年,馬克思在《前進週刊》中尖銳地批評了德國的專制主義,普魯士政府要求法國政府驅逐馬克思,於是馬克思被迫離開法國來到比利時。由於馬克思對地主和資產階級的無情揭露和批判,常常受到一些保守勢力的排擠和驅逐,他們一家不得不過著顛沛流離的生活,並時常陷入困頓之中。

馬克思和恩格斯在萊茵報社

西元 1846 年年初,馬克思和恩格斯共同建立了布魯塞爾共產主義通訊委員會。1847 年,兩人應邀參加了正義者同盟 —— 後來更名為共產主義者同盟,馬克思和恩格斯共同起草了同盟的綱領《共產黨宣言》。

《共產黨宣言》運用辯證唯物主義和歷史唯物主義分析了生產力和生產關係、經濟基礎與上層建築的衝突,分析了階級和階級鬥爭,尤其是資本主義階級鬥爭的產生、發展過程,論證了資本主義必然滅亡和共產主義必然勝利的客觀規律。宣言第一次系統全面地闡述了馬克思主義的基本原理,闡述了階級衝突對人類歷史的影響,指出共產主義運動將成為一股不可抗拒的歷史潮流。

馬克思和恩格斯雕像

在《共產黨宣言》中,馬克思和恩格斯系統、集中地闡述了他們的觀點:「消滅私有制」、「推翻資產階級的統治,由無產階級奪取政權」,然後「一步一步地奪取資產階級的全部資本,把所有生產工具都集中在國家即組織成為統治階級的無產階級手裡,並且盡可能快地增加生產力的總量」。而且,「共產黨人不屑於隱瞞自己的觀點和意圖。他們公開宣布:他們的目的只有用暴力推翻全部現存的社會制度才能達到。」

《共產黨宣言》誕生地

《共產黨宣言》的誕生代表著馬克思主義的誕生，它開闢了國際工人運動和社會主義運動的新局面，成為世界無產階級的銳利思想武器。

《解放黑人奴隸宣言》（1862年）

西元1809年2月，在美國肯塔基州哈丁縣霍詹維爾附近的一個貧苦家庭，一個嬰兒降生了，他就是林肯，51年後的美國總統。

9歲的時候，林肯的母親去世，後來父親又娶了一位女子。林肯的繼母對林肯視如己出。

18歲那年，年輕的林肯為一個船主所僱用，離開了家，前往紐奧良。在登上紐奧良的碼頭時，林肯看到了買賣奴隸的廣告，其中兩則寫道：「願意高價購買各種黑人，並即付現金；也可以代客銷售黑人，收取佣金。還有專存黑人的圈欄和囚籠。」「出售10至18歲黑人女子數名，24歲青年婦女一名，25歲的能幹女人一名，外帶三個壯實孩子。」

看到那些被鐵鏈鎖住，還不斷挨鞭子的黑人奴隸，林肯坐立不安，內心極其痛苦，這在他的心裡埋下了對奴隸制仇恨的種子。

成年後，林肯對測量和計算很在行，成為一名土地測繪員，常被人請去解決地界糾紛。勞動之餘，林肯還讀了很多書籍，透過自學成了一個博學而充滿智慧的人。

西元1834年，林肯第一次在一場政治集會上發表了自己的政治演說，抨擊了黑奴制，造成了一定的影響，加上他傑出的人品，被選為州議員。後來林肯又透過自學成了一名律師，並跟人合夥開了律師事務所，還成了州議會輝格黨（Whig Party）領袖。37歲時，林肯當選美國眾議員。

西元1847年，林肯參加了國會議員的競選，獲得了成功，第一次來到首都華盛頓。這時美國政治生活的大事就是關於奴隸制度的爭論。在

這場爭議中，林肯逐漸成為反對黑奴主義者，但是代表南方奴隸主利益的蓄奴主義者，則強烈反對林肯消除奴隸制。後來奴隸主的勢力大增，林肯退出了國會，繼續回去當他的律師。

西元 1856 年，因為強烈反對擴大奴隸制度，林肯退出了輝格黨，參加了反對奴隸制的共和黨，並很快成為共和黨的主要領導人。1860 年 11 月，林肯當選美國總統，共和黨開始執政，這對南方的種植園主的利益造成了很大的威脅，於是南方 11 個州先後退出聯邦，宣布成立「美利堅聯盟國」，準備獨立。

林肯宣讀《解放黑人奴隸宣言》

西元 1861 年 4 月，南北戰爭爆發，林肯抓住機會不僅擴大了總統戰爭權力，還下令在部分地區終止公民人身保護令特權。在戰爭初期，為了避免國家分裂和戰亂，林肯想以和平的方式廢除奴隸制。但是隨著戰爭的深入，林肯意識到想要真正廢除奴隸制沒有流血犧牲是不可能的。

這時北方戰場的失利引起了人民的強烈不滿，為了引發農民的積極性，打贏這場戰爭，就必須廢除奴隸制、解放黑奴。西元 1862 年 9 月，林肯親自起草了《解放黑人奴隸宣言（草案）》。1863 年 1 月正式頒布了

《解放黑人奴隸宣言》(The Emancipation Proclamation)，宣布從即日起廢除叛亂各州的奴隸制，解放的黑奴可以參加聯邦軍隊。這從根本上瓦解了南軍的戰鬥力，也使北軍得到源源不斷的兵源。內戰期間，有18.6萬的黑人參加了戰鬥。為了自由，他們英勇無畏，甚至不惜犧牲自己的生命。

美國南北內戰

西元1865年4月，北方軍攻占了南方軍的首都，南軍總司令率領殘部投降，歷時四年的南北內戰以北方的勝利而告終。只是林肯在南方軍隊投降後的第五天，就在華盛頓福特歌劇院遇刺身亡。

林肯的解放黑人奴隸政策，影響了廣大黑人奴隸的積極性，促使了北方的勝利。黑人奴隸制度的廢除，為美國資本主義的發展掃清了道路，也為美國後來成為工業強國打下了基礎。

日本明治維新（西元1868年～1899年）

19世紀中期的日本，處於德川幕府時代，實行「鎖國政策」，不僅禁止外國的傳教士、商人和平民進入，也不允許國外的日本人回國。只准許在長崎一帶同中國、朝鮮和荷蘭等國通商。即使這樣，在一些經濟比較發達的地區，還是出現了資本主義的萌芽。

在商品經濟形態的快速擴展下，商人階層的力量開始增強，他們想

要打破那些嚴重制約他們發展的舊制度，呼籲改革政治體制。他們與具有資產階級色彩的大名（藩地諸侯）、武士組成了政治性聯盟，與反對幕府的基層農民共同形成「倒幕派」。

西元1864年，高杉晉作起兵奪取了長州藩的政權。此後，長州在木戶孝允（桂小五郎）的主持下進行轟轟烈烈的倒幕改革。1867年，孝明天皇死去，太子睦仁親王（即明治天皇）即位，倒幕派集聚眾多勢力準備舉兵起義，天皇下達討幕密敕，這迫使幕府將軍德川慶喜「奉還大政」。

西元1868年1月3日，天皇釋出《王政復古大號令》，廢除幕府，令德川慶喜「辭官納地」。但是幾天以後德川慶喜在大阪宣布「王政復古大號令」為非法。於是天皇派軍隊前往討伐，德川慶喜兵敗，日本全境得以統一。

以天皇為首的新政府，開始實行一系列的改革。西元1869年6月，明治政府強制實行了「版籍奉還」、「廢藩置縣」政策，將日本劃分為3府72縣，建立了中央集權的政治體制；社會體制方面，廢除傳統時代的「士、農、工、商」身分制度，實現了形式上的「四民平等」；社會文化方面，提倡學習西方社會文化及習慣，改用太陽曆計日；引進西方近代工業技術，改革土地制度，統一了貨幣，推動了工商業的發展。

日本武士

在教育方面，頒布了教育改革法令——《學制》，在全國建立起大學、中學、小學，從小灌輸武士道精神和忠君愛國的思想，還選派學生到英、美、法、德等先進國家留學。

在軍事方面，改革了軍隊編制，陸軍參考德國的訓練，海軍參考英國的海軍編制。西元1872年頒布徵兵令，規定凡是年齡在20歲以上的成年男子一律須服兵役。到1873年時，作戰部隊動員可達40萬人。他們還發展了國營軍事工業。

經過20多年的發展，日本國力日漸強盛，不僅廢除了幕府時代與西方各國簽訂的一系列不平等條約，還一躍成為新興的資本主義強國，實現了國家的崛起。

明治維新時的日本

明治維新是日本歷史的轉捩點，從此以後，日本走上了獨立發展的道路，並迅速成長為亞洲強國，乃至世界強國，也走上了擴張之路。

第十一章 革命與發展

辛亥革命（西元 1911 年）

19 世紀末 20 世紀初，在歐洲爆發資本主義革命的時候，中國民族資本主義也得到了初步發展。民族資產階級力量壯大起來，並慢慢登上了歷史的舞臺。此時，受西方民主革命思想的影響，中國國內開始出現許多革命團體，其中影響較大的有興中會、華興會、科學補習所和光復會等。

鴉片戰爭讓西方列強開啟了中國封建社會的大門，中國進入了半殖民地半封建社會。一系列不平等條約的簽訂，讓中國領土和主權的完整遭到破壞，政治上的獨立地位也逐漸淪喪。清政府完全淪為列強統治中國的工具，這樣軟弱無能的政府，促使了人民民族意識的覺醒。

西元 1894 年 11 月，孫中山在檀香山成立了興中會。1895 年，孫中山鮮明地提出了中國資產階級民主革命的第一個綱領：驅除韃虜，恢復中華，創立合眾政府。一年後，廣州起義失敗，孫中山被清朝政府通緝，只能流亡國外，在英國公館被捕。公館的女管家知道後，送信給孫中山的老師康德黎。

辛亥革命

為了營救孫中山，康德黎等人告知了《泰晤士報》，後來《地球報》釋出了這個消息，引爆了社會輿論。孫中山被釋放出來後，出版了《倫

敦蒙難記》(*Kidnapped in London*)，引起了全世界的關注，也迅速提升了孫中山的威望，讓他在反對清政府的革命中無人能及。

辛亥革命

西元1905年，孫中山、黃興、陳天華等人決定成立中國同盟會，作為全國的革命領導中心，興中會、華興會、光復會及其他的小團體都陸續加入。8月，在同盟會召開成立大會上，孫中山被推選為總理，會議確定了同盟會的綱領是驅除韃虜、恢復中華、建立民國、平均地權。11月，孫中山在《民報》發表了以民族、民權、民生為核心的「三民主義」。

此後，各地開始爆發革命運動，如西元1906年革命派發動萍瀏醴起義；1907年5月，秋瑾和徐錫麟聯合發動起義；1911年4月底，黃興發動廣州黃花崗起義等。

黃花崗起義失敗後，以文學社和共進會為主的革命黨人將起義之地轉向長江流域，準備在以武漢為中心的兩湖地區發動一次新的武裝起義。

因為孫武等人在漢口俄租界配製炸彈時不慎爆炸，引起俄國巡捕的警惕，革命黨人決定立即發動起義。只是當時武昌城內戒備森嚴，無法聯繫，於是革命黨人約定以槍聲為號，於10月10日晚發動起義。

西元1911年10月10日晚，新軍工程第八營的革命黨人打響了武昌

起義的第一槍，奪取了中和門附近的楚望臺軍械所，繳獲步槍數萬支、炮數十門、子彈數十萬發，為起義的勝利奠定了基礎。

此時，駐守武昌城外的輜重隊、砲兵營、工程隊的革命黨人也以舉火為號，發動了起義，並向楚望臺齊集。在多次進攻後，起義軍最終在天亮前占領了督署和鎮司令部，整個武昌落入起義軍的掌控之中。

當日深夜，同盟會員何貫中得知武昌起義的消息後，立即將同寢室的李濟深等同學組織起來，潛出校外，炸毀了清軍南下的唯一通道——漕河鐵橋。這有效地阻礙了清軍南下鎮壓起義運動的行程，極大地支援了武昌起義軍接下來的軍事行動，更為革命黨人在全國範圍內舉事贏得了充足的時間。

臨時大總統

後來漢陽、漢口也相繼起義成功，起義軍在掌握武漢三鎮後，成立了湖北軍政府，改國號為「中華民國」，並號召各省民眾起義響應。隨後湖南、廣東等15個省紛紛宣布脫離清政府獨立。

西元1912年1月1日，中華民國臨時政府在南京成立，孫中山被推舉為臨時大總統。1912年2月12日，清帝溥儀退位，清朝滅亡，兩千多年的封建帝制結束。

俄國文學之父 —— 普希金
（西元 1799 年～ 1837 年）

　　普希金在俄羅斯人心目中的地位無人能及。他像俄羅斯的白雪那樣滋養人們的心靈，又像俄羅斯人常吃的黑麵包一樣慰藉人們的靈魂。普希金是 19 世紀俄羅斯浪漫主義文學的代表人物，也是現實主義的奠基人，還是現代俄語的創始人。「俄羅斯文學之父」、「俄羅斯詩歌的太陽」、「青銅騎士」都是人們對他的尊稱。

　　西元 1799 年 6 月，亞歷山大·謝爾蓋耶維奇·普希金在莫斯科一個家道中落的貴族家庭出生。他自幼聰明，喜愛文學，8 歲就會用法語寫詩。1805 年到 1810 年，每年夏天普希金都在外祖母居住的扎哈羅夫村度過。扎哈羅夫村位於莫斯科的郊外，風景優美，對普希金童年的影響很大，這在他以後的作品中都有展現。

普希金

　　普希金後來進入貴族子弟學校皇村學校學習，在那裡度過了 6 年的光陰。在中學考試時，他當著著名詩人傑爾查文（Gavriil Derzhavin）的面，朗誦了自己創作的愛國主義詩歌《皇村懷古》，表現出了卓越的寫作才能。

　　在中學學習期間，受法國啟蒙思想的影響，普希金結交了一些十二月黨人，初步形成了反對沙皇專制、追求自由的思想。在皇村中學，普希金還加入了一個叫「阿爾扎馬斯」的文學社團。這個社團反對在文學創作中因循守舊、保守復古。

第十一章 革命與發展

西元 1817 年，普希金中學畢業，以 12 品文官銜到彼得堡外交部任職。在這期間，他成了劇院的常客，經常參加「阿爾扎馬斯」社團的聚會，並在 1819 年加入了戲劇文學團體「綠燈社」，這個社團與十二月黨人的祕密組織有聯繫。

普希金雖然沒有參加十二月黨人祕密組織的活動，但卻與這些組織中的許多活躍分子結下了深厚的友誼。期間他還創作了許多反對農奴制、謳歌自由的詩歌，如《致恰達耶夫》、《自由頌》、《鄉村》等。

為了響應「阿爾扎馬斯」社團提出的關於創作本國民族英雄史詩的號召，普希金在西元 1820 年寫下了童話敘事長詩《魯斯蘭和柳德米拉》。這個作品與以往的古典主義詩歌完全不同，它運用了生動的民間語言，向傳統的貴族文學挑戰。作品一經發表，就引起了強烈的反響。

這些「反動」的作品，引起沙皇政府的不安，於是沙皇政府在西元 1820 年把普希金外派到俄國南部任職，也就是變相的流放。流放期間，普希金與十二月黨人的交往更加頻繁，開始參加他們的祕密會議。在他們的影響下，普希金更加明確了追求自由的想法。

這期間他創作了《短劍》、《囚徒》、《致大海》等名篇。從這一時期開始，普希金完全展示了自己獨特的風格，讓大家了解了當時的社會。對新沙皇的幻想破滅後，普希金寫下了政治抒情詩《致西伯利亞的囚徒》，來表達自己對十二月黨人理想的忠貞不渝。

這時普希金的創作有了新的轉變：他開始從社會和歷史的角度對現實進行理性的剖析，但現實情況的複雜性讓他無法對一些問題作出合理的解釋。於是這一時期的作品就表露出他的不安、痛苦、迷茫，以及對死亡的興趣。

普希金故居　　　　　　　　　普希金和妻子雕像

　　西元 1831 年，普希金遷居彼得堡，繼續創作了很多作品，如長篇敘事長詩《青銅騎士》、童話詩《漁夫和金魚的故事》、短篇小說《黑桃皇后》等，還有兩部有關農民問題的小說《杜布洛夫斯基》和《上尉的女兒》。

　　西元 1837 年，38 歲的普希金因為妻子受到憲兵隊長的褻瀆，在與憲兵隊長決鬥的時候，腹部受到了重傷，不久便不治身亡。俄國文人感嘆道：「俄國詩歌的『太陽』沉落了！」

　　普希金是俄羅斯文化的象徵，有了他俄羅斯文學才有了自己的精神。他將俄羅斯文化從粗製濫造的邊緣挽救過來，讓人們欣賞到精妙絕倫的詩篇。

　　普希金在〈紀念碑〉一詩中寫道：

我將永遠被人民所喜愛，

因為我用詩的豎琴喚起了那善良的感情，

因為我在殘酷的時代歌頌過自由，

並為那些倒下的人召喚過恩幸。

附錄：第十一章參考文獻

[1] 坂本太郎。日本史 [M]。北京：中國社會科學出版社，2018。

[2] 查爾斯‧比爾德（Charles Austin Beard），威廉‧巴格力（William Chandler Bagley）。美國大歷史 [M]。北京：煤炭工業出版社，2018。

[3] 桂濤。工業革命的意外 [J]。半月談，2017(12)。

[4] 李錫海。1848年革命 [J]。中學歷史教學，2017(11)。

[5] 楚西南。解放了黑奴卻解放不了自己 [J]。大科技（百科新說），2011(11)。

[6] 夏爾。拿破崙帝國「其亡也忽」的警示 [N]。解放軍報，2015-07-03(7)。

[7] 宗澤亞。清日戰爭 [M]。北京：北京聯合出版公司，2014。

[8] 唐德剛。從晚清到民國 [M]。北京：中國文史出版社，2015。

世界近代史（西元1640年～1917年）

世界現代史
（西元 1917 年～1945 年）

世界現代史（西元1917年～1945年）

第十二章　紛亂再起

　　俄國十月革命的勝利，資本主義和社會主義共同發展，人類社會進入現代史。在經濟全球化的推動下，世界越來越緊密，但是世界各國的發展模式又是多樣的，這種全球化和多樣化的衝突統一，構成了世界各國既相互依存又相互競爭的複雜局面，人類社會也經歷了前所未有的苦難。

俄國十月社會主義革命（西元1917年）

　　俄國二月革命後，沙皇被迫退位，發動這場革命的工人和士兵登上了歷史舞臺，建立了自己的領導機構——蘇維埃。由於當時大多數布爾什維克的領導人不是在監獄就是被流放，導致蘇維埃的領導權被孟什維克和社會革命黨人所竊取。這些人支持資產階級建立臨時政府，凌駕在蘇維埃政權之上。

　　代表資產階級利益的臨時政府繼續奴役廣大勞動人民，並且想方設

法地撲滅革命的火焰。西元 1917 年 4 月，列寧在布爾什維克的會議上作了〈論無產階級在這次革命中的任務〉的報告，提出了從資產階級民主革命過渡到社會主義革命的任務，為革命的發展指明了方向，徹底改變了布爾什維克支持臨時政府的政策。

俄國十月革命

資產階級臨時政府為了轉移衝突，7 月向德意志國家和奧匈帝國發動戰爭，妄圖用戰爭去消滅革命。這次冒險的行動，讓俄國在 10 天內損失 6 萬人。戰爭失敗的消息傳來，工人、士兵紛紛走上街頭遊行示威，要求停止戰爭，將全部政權歸還蘇維埃。臨時政府怎麼捨得將自己的權力拱手讓出？於是派軍隊進行了血腥的鎮壓，製造了七月事變。這次的屠殺，讓人民深刻意識到，必須以革命的暴力才能打倒反革命暴力。

西元 1917 年 11 月 6 日（儒略曆 10 月 24 日），列寧祕密來到起義總指揮部——斯莫爾尼宮，親自領導武裝起義。從 6 日晚間到 7 日上午，革命士兵和起義工人迅速占領了彼得格勒的各個策略要地，除了宮廷廣場和伊薩基耶夫斯卡廣場地區，其他地區幾乎都掌握在起義者的手裡，臨時總理也倉皇逃跑。

7 日下午，2 萬多革命士兵和赤衛隊員包圍了冬宮，革命軍事委員會

向臨時政府下達了最後通牒，命令他們必須在下午 6 時 20 分前繳械投降，但是遭到拒絕。晚上 9 時 45 分，革命軍事委員會以阿芙樂爾號巡洋艦開炮為訊號，發起了總攻。激戰持續到 8 日的凌晨，最後彼得格勒武裝起義取得勝利，推翻了資產階級的臨時政府。

起義成功的當天夜裡，蘇維埃代表通過了《告工人、士兵和農民書》，向全國各地宣布了全部政權一律轉歸工人、農民、士兵代表的蘇維埃政府的消息。第二天，又通過了《和平法令》和《土地法令》。《和平法令》反映廣大人民迫切希望和平的願望，《土地法令》廢除了地主土地所有制，全部土地收歸國有，交給廣大農民使用。

列寧與十月革命

俄國十月社會主義革命，是人類歷史上第一次獲得勝利的社會主義革命，建立了世界上第一個無產階級專政性質的政權，世界上第一個社會主義國家誕生了。十月革命的勝利沉重打擊了帝國主義的統治，推動了國際社會主義運動的發展，鼓舞了殖民地半殖民地人民的解放抗爭。

十月革命也結束了資本主義獨占天下的局面，並為之後的社會主義陣營的建立奠定了基礎。

美國經濟大蕭條（1929年～1933年）

　　大蕭條指的是1929年至1933年間發源於美國，後來波及整個資本主義世界的經濟危機，其中受影響的國家包括美國、英國、法國、德國和日本等。

　　由於工業革命，美國的經濟日趨繁榮，股市也一片大好。美國財務部長在1929年9月還向大眾保證：「這一繁榮的高潮將會持續下去。」

　　只是這個保證很快被擊碎，1929年10月24日，美國股市突然暴跌，這一天美國金融界崩潰了，股票下跌的速度連自動顯示器都跟不上了。10月29日，人們紛紛湧向華爾街，開始瘋狂地拋售手中的股票，股指驟然下跌了近40個百分點。成千上萬的美國人，眼睜睜地看著他們一生的積蓄就這樣消失了。

　　這個「黑色星期二」被視為經濟大蕭條時期開始的象徵。此後，短短兩個星期內，共有300億美元的財富蒸發了，這相當於美國在第一次世界大戰中的總開支，但這不過是這場經濟大蕭條爆發的火山口而已，隨後的災難讓美國和全球陷入長達10年的經濟大蕭條期。

經濟大蕭條

世界現代史（西元1917年～1945年）

　　隨著美國股市的崩潰，美國經濟全面陷入毀滅性的災難中，就像西洋骨牌的倒塌，引起了一系列可怕的連鎖反應：銀行發生了瘋狂的擠兌，導致銀行倒閉，工廠關門，工人失業，很多人無家可歸，無食物可吃。美國失業人口達到了830萬，在美國各城市排隊領救濟食品的窮人超過幾個街區。

　　但是，農業資本家和大農場主卻將大量「過剩」的產品銷毀：把牛奶倒進密西西比河，用小麥和玉米代替煤炭做燃料。他們寧願把這些產品扔掉，也不願減少自己的利潤降價銷售。

　　這場經濟危機很快從美國蔓延到其他資本主義國家，千百萬的人掙扎在吃、穿、住的困境中。很多人失業，即使以前成功的商人和銀行家也變得一無所有，有200萬～400萬名中學生輟學。一些人忍受不住生理和心理的痛苦而選擇自殺，社會治安日益惡化。

經濟大蕭條時的場景

　　美國的這次經濟大蕭條造成的災難，是人類歷史上前所未有的，它造成了美國大面積的饑荒，讓大約700萬美國人非正常死亡，導致美國人口銳減，給美國留下了永久的傷痛。記錄美國歷史的《光榮與夢想》(*The Glory and the Dream: A Narrative History of America, 1932-1972*)一書曾悲憤地寫道：「千百萬人只因像畜生那樣生活，才免於死亡。」

経歷了大蕭條後，工人從20年代的麻木狀態清醒過來，開始發動罷工來增加自己的權利。一些自由主義者被蘇聯的繁榮所吸引而成為馬克思主義者，而保守主義者由於懼怕布爾什維克主義，開始轉向法西斯主義。

德國、義大利、日本為了擺脫大蕭條走上了對外侵略擴張與法西斯主義道路，阿道夫‧希特勒、貝尼托‧墨索里尼、東條英機等獨裁者的出現，間接造成了第二次世界大戰的爆發。

慕尼黑陰謀會議（1938年）

捷克斯洛伐克（以下簡稱捷）位於歐洲的中心，具有重要的策略位置，並且礦產豐富，軍事工業發達。如果占有了這個有利的地區，德國東可以進攻蘇聯，西可以進攻法國和英國。為了得到這個地方，早在1937年時，德國就擬訂了侵占捷的計畫。

1938年3月，德國強行吞併奧地利後，又開始打捷的主意，企圖以支持「民族自決」為名，侵占西部德意志族人集中居住的蘇臺德地區。德國法西斯為了找一個侵略的藉口，不惜利用捷民族之間的問題挑起事端。4月，希特勒唆使德意志族人要求蘇臺德地區「自治」，同時德軍在德、捷邊境集結，進行武力威脅。但是因為捷的頑強抵抗，希特勒被迫暫時退卻。

9月12日，希特勒在紐倫堡公開發表演說，宣布會支援蘇臺德德意志族的獨立運動。當晚蘇臺德地區發生暴亂，出現了「九月危機」。面對德國的野心，英、法政府採取了綏靖政策，他們為了自身的利益不惜犧牲捷，用來換取自己的安全。

慕尼黑會議

　　9月15日，英國首相張伯倫赴德國與希特勒會談，不惜一再退讓，同意將蘇臺德地區割讓給德國，法國總理達拉第（Édouard Daladier）則與英國保持一致。9月19日，英、法兩國聯合對捷施加壓力，迫使捷割讓出蘇臺德地區。9月21日，捷被迫接受英、法的建議。9月22日，希特勒又提出要兼併更多捷的領土，但遭到捷政府的斷然拒絕，德國以戰爭相威脅，導致局勢空前緊張。

　　9月29日，張伯倫、達拉第、希特勒和義大利首相墨索里尼在德國慕尼黑舉行了四國首腦會議，於30日凌晨簽署《慕尼黑協定》（Munich Agreement）。幾個小時後，迫於英法的強大壓力，捷政府被迫接受了該項協定。英德兩國簽署共同宣言（後來法德亦簽署共同宣言），決心用協商辦法處理兩國關係的一切問題，「永遠不再投入彼此之間的戰爭」。

　　這只是希特勒使用的「聲東擊西」的手法，《慕尼黑協定》不過是一場陰謀而已。德國在占領了蘇臺德地區後的第二年，就公然侵占了整個捷帝國。不到半年的時間，又將波蘭全部吞下。與此同時，還挑起了對英國和法國的全面戰爭，使得當初以為不會再有戰爭傷亡的英法兩國再一次面臨了戰爭的威脅。

張伯倫從慕尼黑歸來

張伯倫以「損人的目的開始，以害己的結果告終」，後來「慕尼黑協定」演變成了一己之利而犧牲他國利益、縱容侵略行為的代名詞。

第二次世界大戰爆發（1939年）

雖然都是帝國主義，但各國發展的重點各不相同，這導致各國的政治、經濟、軍事極不平衡。當德、義、日發現自己的軍事實力遠超其他國家時，他們就想獲得更多的權利，想重新劃分天下，於是帝國間的衝突就尖銳起來。1931年9月18日，日本發動「九一八」事變，形成了東方第一個戰爭策源地。當時的西方大國普遍奉行綏靖政策，只要沒有損害自己的利益就縱容法西斯，從而助長了法西斯的囂張氣焰。

1935年10月3日，義大利發動了對衣索比亞的侵略戰爭。1937年7月7日，日本發動全面侵華戰爭，進一步加劇了國際形勢的緊張態勢。1938年，德意志吞併了奧地利，隨後又控制了捷克斯洛伐克。1939年，蘇聯和德意志簽訂了《蘇德互不侵犯條約》，得到蘇聯的中立保證後，希特勒決定放手一搏。

世界現代史（西元1917年～1945年）

　　簽訂《蘇德互不侵犯條約》一星期後，德國發動對波蘭的戰爭，隨後蘇聯也入侵波蘭，很快蘇德兩國占領了波蘭全國領土，波蘭戰役結束。波蘭戰役是第二次世界大戰歐洲戰區的起點，一般被認為是第二次世界大戰的開始。

第二次世界大戰開始

　　1940年5月10日，德軍進攻荷蘭，荷軍投降。5月28日比利時投降。後來德軍的坦克兵團深入法國腹地，法國幾乎沒進行有組織的抵抗就簽訂了《貢比涅停戰協定》，同意德國占領法國北部和大西洋沿岸地區，並宣布法國退出戰爭，法國全面停火。

整裝待發的軍隊

　　德國占領法國後，希特勒便著手對付歐洲北部的英國。德國制訂了針對英國的「海獅計畫」，要對英國進行登陸作戰，這就要先殲滅英國的

空中力量，於是德國在 1940 年 8 月對英國發動了大規模的空襲。這是二戰中規模最大的空戰，很多被德國占領的歐洲國家也加入了保衛英國的行列。戰爭最終以德國的失敗而告終，德國不得不放棄入侵英國的作戰計畫。

1941 年 6 月，德國撕毀之前與蘇聯簽訂的條約，發起了侵蘇的「巴巴羅薩」計畫。由於德國低估了蘇聯紅軍作戰的能力和頑強的意志力，加上氣候的惡劣、食物的短缺和過長的戰線，導致這個計畫失敗。該計畫開啟了長達數年的蘇德戰爭，成為人類歷史上最血腥的戰爭，數千萬人因此傷亡。

1942 年 6 月，德國發動了爭奪蘇聯南部城市史達林格勒的戰役。史達林格勒位於窩瓦河下游西岸，是蘇聯內河航運幹線，是蘇聯中央地區通往南方重要經濟區域的交通咽喉，策略位置非常重要。蘇軍誓死守衛，最終阻止了德國前進的步伐，成為第二次世界大戰東部戰線的轉捩點，也是「二戰」的轉捩點。

第二次世界大戰中直接死於戰爭及與戰爭相關的人數大約為 7,000 萬。由於第二次世界大戰的慘烈，根據雅爾塔會議協定，為了維護國際和平與安全，中、英、美、蘇、法為首的同盟國在 1945 年 10 月 24 日發起成立了聯合國。聯合國先後組織制定了從不擴散核武器到和平利用外層空間等數百個國際條約。

在「二戰」中，由於英、法等老牌帝國主義受到重創，亞非地區的殖民地人民掀起了獨立運動，印度、越南、埃及等國紛紛獨立。「二戰」讓中東、非洲數十個國家先後獨立，最終導致由西方地理大發現後在全球形成的殖民地體系徹底瓦解。

世界現代史（西元1917年～1945年）

「二戰」時德國陸軍

從客觀上來講，第二次世界大戰還推動了科學技術的迅速發展。「二戰」期間，因為戰爭的需求，各國開始製造新式武器，大戰後這些科學技術為和平事業服務，推動了人類歷史文明的進步。

雅爾塔會議（1945年）

第二次世界大戰進行到1943年年底時，戰爭已進入尾聲，德、義、日的敗局已定。戰爭結束後一些國際事務應如何處理？這需要三大聯盟國共同商量，於是一場聯盟國的高層會晤迫在眉睫。

在歐洲戰場上，因為蘇聯紅軍和英美聯軍的兩面夾擊，反法西斯聯盟的勝利指日可待。雖然軍方人士認為日本必敗，但是在太平洋戰場上，日軍與美軍的戰事異常慘烈，雙方都損失慘重。太平洋戰場的嚴峻形勢，讓美國意識到擊敗德國並不意味著對日戰爭的結束，美國必須做出長期戰爭和付出極大代價的準備。為了盡快結束太平洋戰爭，美國迫切，讓他們無法去增援太平洋戰場。

第十二章　紛亂再起

雅爾達會議

邱吉爾

　　1945年2月4日至2月11日，美國羅斯福、英國邱吉爾、蘇聯史達林三大國家首腦，在黑海北部的克里木半島的雅爾塔皇宮內舉行了一次關於制定戰後世界新秩序和列強利益分配問題的關鍵性會議，也就是雅爾達會議。

　　會議的主要內容有：決定由美、英、法、蘇四國分割槽占領德國，德國必須交付戰爭賠償以及徹底消滅德國軍國主義和納粹主義；會議還討論了對於波蘭、遠東、聯合國等問題的處置。對於遠東問題，蘇聯在必要的條件下，同意參加對日作戰。

　　雅爾達會議緩和了同盟國之間的衝突，加強了反法西斯世界統一戰線，讓各同盟國能同仇敵愾共同抵抗法西斯，加速了世界反法西斯勝利

的程序。此外，雅爾達會議還在消除納粹主義和軍國主義等方面發揮重要作用，也影響了戰後的世界格局。但是，在涉及其他國家主權的問題上，雅爾達會議並沒有遵守各國平等合作的原則，也沒有尊重其他國家的主權完整性，而是表現出大國支配一切的強權政治。

聯合國成立（1945年）

「二戰」期間，日本偷襲了美國太平洋上的海軍基地——珍珠港，使美國海軍遭受重創，美國奮起反擊，太平洋戰爭爆發。太平洋戰爭在開始階段，美英聯軍節節敗退。於是，英國首相邱吉爾到華盛頓，與以美國總統羅斯福為首的美國軍政要員舉行會談，提出建立世界反法西斯同盟。

1942年年初，美、英、蘇、中等26個國家在《聯合國家宣言》上簽字。這是第一次正式使用「聯合國家」，也譯為「聯合國」。

1943年10月30日，在莫斯科會議上，蘇、中、美、英四國代表共同發表《普通安全宣言》，號召盡早建立一個維護世界和平與安全的國際機構。後來，美國、蘇聯和英國的領袖再次確認了這個目標。聯合國的藍圖，是在1944年9月敦巴頓橡樹園會議上第一次提出的。此後，為了制定聯合國的章程，蘇、中、美、英四國又分別舉行過幾次國際會議，並就安理會表決程序達成協議。對於《聯合國憲章》的制定問題，會議決定留待聯合國家國際組織大會上完成。

1945年4月25日，來自50個國家的代表齊聚舊金山，參加了聯合國家國際組織大會，代表們起草了《聯合國憲章》(Charter of the United Nations)，6月25日該憲章獲得全票通過。同年10月24日，《聯合國憲章》開始生效，聯合國就此正式成立。

聯合國旗幟圖案

聯合國設有聯合國大會、聯合國安全理事會、聯合國人權理事會、聯合國經濟及社會理事會、聯合國託管理事會、國際法院和祕書處，共7個主要機構。其總部設在美國紐約，在瑞士日內瓦設有聯合國歐洲辦事處。

聯合國的宗旨是維護國際和平與安全；制止侵略行為，促進國際合作，發展國際間以尊重各國人民平等權利及自決原則為基礎的友好關係；進行國際合作，以解決國際間經濟、社會、文化和人道主義性質的問題，並促進對於全體人類的基本自由的尊重。

聯合國總部

附錄：第十二章參考文獻

[1] 姚妤，蔡新苗。圖說一戰二戰 [M]。北京：北京聯合出版公司，2015。

[2] 高連奎。大蕭條，美國曾經的大災難 [J]。現代閱讀，2018(1)。

[3] 于沛。十月革命和世界歷史程序：紀念十月革命 100 週年 [J]。史學理論研究，2017(3)。

[4] 阮煒。「二戰」究竟因何爆發 [N]。人民日報，2015-04-23。

[5] 宋義東。聯合國成立 70 週年 [J]。國家人文歷史，2015(20)。

第十二章　紛亂再起

大觀全球史，從文明到文化：

封建制度 × 大航海時代 × 資本主義 × 工業革命⋯⋯從上古文明到近現代發展，一覽人類文明演變的全景！

作　　　者：路吉善	
責任編輯：高惠娟	
發　行　人：黃振庭	
出　版　者：樂律文化事業有限公司	
發　行　者：崧博出版事業有限公司	
E-mail：sonbookservice@gmail.com	
粉　絲　頁：https://www.facebook.com/sonbookss	
網　　　址：https://sonbook.net/	
地　　　址：台北市中正區重慶南路一段61號8樓	
8F., No.61, Sec. 1, Chongqing S. Rd., Zhongzheng Dist., Taipei City 100, Taiwan	

電　　　話：(02)2370-3310
傳　　　真：(02)2388-1990

律師顧問：廣華律師事務所 張珮琦律師
定　　　價：420元
發行日期：2024年10月第一版
◎本書以 POD 印製
Design Assets from Freepik.com

國家圖書館出版品預行編目資料

大觀全球史，從文明到文化：封建制度 × 大航海時代 × 資本主義 × 工業革命⋯⋯從上古文明到近現代發展，一覽人類文明演變的全景！/ 路吉善 著 . -- 第一版 . -- 臺北市：樂律文化事業有限公司, 2024.10
面；　公分
POD 版
ISBN 978-626-7552-42-1(平裝)
1.CST: 文明史 2.CST: 世界史
711　　113015003

電子書購買

爽讀 APP　　　　臉書